60 spannende Entdeckungen für Familien mit Kind

Die schönsten Familienausflüge in und um München

J. BERG

Inhalt

Tourenüberblick 6

Vorwort 9

Vergangene Zeiten 10

1 **Burgen und Schlösser** 12
Burgwelt Ehrenberg in Reutte/Tirol
und noch mehr

2 **Cowboys und Indianer** 14
Pullman City

3 **Bauern und Handwerk** 16
Freilichtmuseum Glentleiten, Amerang,
Wasmeier Museum

4 **Komponisten und Musik** 20
Mozarts Geburtshaus in Salzburg

5 **Wikinger** 22
Wikingerdorf Flake am Walchensee

6 **Urzeit** 24
Fossiliensteinbruch Blumenberg
und noch mehr

7 **Römer** 28
Weißenburg in Bayern

Spiel, Sport & Spaß 30

8 **Erlebnisparks** 32
Legoland Günzburg, Playmobilpark,
Ravensburger Spieleland

9 **Märchenwälder** 34
Märchenwald Wolfratshausen,
Marquartstein und Ruhpolding

10 **Bergerlebniswelten** 36
Ellmis Zauberwelt Ellmau,
Hexenwasser Söll, Triassic Park

11 **Sommerrodeln** 39
Schliersbergalm und noch mehr

12 **Walderlebnis** 42
Walderlebniszentrum Grünwald
und noch mehr

13 **Wasserspaß** 44
Starnberger Wasserpark und noch mehr

14 **Hoch oben** 46
Münchner Wald in Vaterstetten, Kletterwald Grünwald und noch mehr

15 **Irrgarten und Labyrinth** 48
Ex-Ornamentis und noch mehr

16 **Biergärten** 50
Biergärten mit Spielplätzen in München und Umgebung

17 **Spielplätze** 52
Hirschgarten, Westpark und mehr

18 **Minigolf, Bauerngolf und Swingolf** 54
Bauerngolf Samerberg und noch mehr

19 **Indoorspielplatz** 56
Jux & Tollerei und noch mehr

20 **Klettern & Bouldern** 58
Boulderwelt München und noch mehr

21 **Schlittenfahren** 60
Obere Firstalm und Rodelplätze in München

22 **Eislaufen** 62
Prinzregentenbad, Olympia-Eishalle und noch mehr

23 **Erlebnisbäder** 64
Therme Erding, Westbad und noch mehr

Natur & Tiere 66

24 **Spielspaß drinnen und draußen** . . 68
Der BergTierPark Blindham in Aying

25 **Zahme Rehe und freche Hühner** . . 70
Wildpark Poing im Münchner Osten

26 **Von A wie Affe bis Z wie Zebra** . . 72
Der Münchner Tierpark Hellabrunn

8 Erlebnisparks

21 Schlittenfahren

34 Züge

27 **Abenteuer auf dem bayerischen Land** ... 74
Wildfreizeitpark und Waldseilgarten Oberreith

28 **Wie füttert man eine Seeanemone?** 76
Das Sea Life im Olympiapark München

29 **Edle Rennpferde im rasanten Galopp** ... 78
Galopprennbahn München Riem

30 **Reiter- und Erlebnisbauernhöfe** .. 80
Kinderwerkstatt Sonnenland, Matthof und andere

31 **Im Tierparadies** ... 82
Gut Aiderbichl

Forschen & Entdecken ... 84

32 **Autos und Verkehr** ... 86
BMW Welt, Verkehrsmuseum, Verkehrsübungsplätze und noch mehr

33 **Flugzeuge** ... 88
Flughafen München, Flugwerft Schleißheim

34 **Züge** ... 90
Bahnpark Augsburg und noch mehr

35 **Feuerwehr** ... 92
Feuerwehrmuseum Waldkraiburg, München und noch mehr

36 **Fußball** ... 94
Allianz Arena

37 **Film und Fernsehen** ... 96
Bavaria Filmstudios

38 **Energie** ... 98
Walchenseekraftwerk

39 **Bergwerke** ... 100
Salzbergwerk Berchtesgaden, alte Saline

40 **Weltall & Sterne** ... 102
Bayerische Volkssternwarte München, Deutsches Museum

41 **Käse und Brot** ... 104
Naturkäserei Kreuth, Furthmühle und noch mehr

42 **Pflanzen** ... 106
Botanischer Garten München, OEBZ und noch mehr

43 **Ernten** ... 109
Hofreiter BeerenCafés, Kartoffelklauben und noch mehr

44 **Kinderkochkurse** ... 112
Kochschule Koch Dich Glücklich, Kinderküche München, Mein Keksdesign

Veranstaltungen & saisonale Aktivitäten ... 114

45 **Volksfeste und Brauchtum** ... 116
Frühjahrsdult und vieles mehr

46 **Ritterfestspiele** 118
Ritterfestspiele Schloss Kaltenberg, Schloss Amerang und noch mehr

47 **Kindertheater** 120
Kleines Theater im Pförtnerhaus, Münchner Theater für Kinder und noch mehr

48 **Kinderkonzerte** 122
Mini.Musik Gasteig, Concierto, Große Musik für kleine Hörer

49 **Kunst für Kinder** 124
Pinakothek der Moderne, Haus der Kunst, Villa Stuck, Kunsthalle München

50 **Kinderbibliotheken und Buchlesungen** 126
Münchner Stadtteilbibliotheken und mehr

51 **Kindermuseen** 128
Deutsches Museum, Kindermuseum, Museum Mensch und Natur und noch mehr

52 **Winter in München** 130
Advent & Weihnachten, Wintersport und mehr

53 **Frühling in München** 132
Kinderkrimifest, Ostern, Frühlings- und Maifeste

54 **Sommer in München** 134
Volks- und Ritterfeste, Sommerferien

55 **Herbst in München** 136
Apfel- und Kartoffelernte, Oktoberfest und vieles mehr

Langes Wochenende 138

56 **Im Sommer wie im Winter ein Erlebnis** 140
Garmisch-Partenkirchen

57 **Kurzurlaub am bayerischen Meer** 142
Chiemsee

58 **Bergblick, Schifffahrt und Alpentiere** 144
Bodensee

59 **Abwechslungsreiche Tage an der Donauenge** 146
Altmühltal

Service 148

60 **München für Kinder – kostenlos** 150
Museen, Spielenachmittage und weitere Events

61 **Happy Birthday to you!** 152
Partyspaß für Geburtstagskinder

62 **Wer? Wann? Was? Wo?** 154
Aktuelle Informationen zu Kinder- und Familienveranstaltungen

Abspann 156

Register 157

Impressum und Bildnachweis 160

62 Wer? Wann? Was? Wo?

Tourenüberblick

Tour	Einkehr	Spielplatz	Tiere	Aussicht	Bademöglichkeit	Wandern	Schifffahrt	Klettern	Besichtigung	Wissenswertes für Kinder	Freizeitpark	Wintergeeignet	Schlechtwettertipp	Kostenlos	Kindergeburtstag
1 Burgwelt Ehrenberg	●	●		●		●			●	●					
2 Pullman City		●									●				
3 Freilichtmuseum Glentleiten	●								●	●					
4 Mozarts Geburtshaus in Salzburg									●	●					
5 Wikingerdorf Flake am Walchensee									●					●	
6 Fossiliensteinbruch Blumenberg									●	●					
7 Weißenburg in Bayern									●	●					
8 Legoland Günzburg											●				
9 Märchenwald Wolfratshausen	●										●				
10 Ellmis Zauberwelt Ellmau	●	●		●		●									
11 Schliersbergalm	●	●		●											
12 Walderlebniszentrum Grünwald			●			●			●	●				●	●
13 Starnberger Wasserpark		●			●										
14 Münchner Wald in Vaterstetten								●							●
15 Labyrinth Ex-Ornamentis		●													
16 Kinderfreundliche Biergärten	●	●													
17 Spielplätze		●												●	
18 Bauerngolf Samerberg	●	●													
19 Indoorspielplatz Jux & Tollerei		●										●	●		●
20 Boulderwelt München								●				●	●		●
21 Schlittenfahren an der Oberen Firstalm	●			●		●						●			
22 Eislaufen im Prinzregentenbad	●											●			
23 Therme Erding	●				●							●	●		
24 BergTierPark Blindham in Aying		●	●										●		
25 Wildpark Poing		●	●												
26 Tierpark Hellabrunn		●	●							●					●
27 Wildfreizeitpark und Waldseilgarten Oberreith		●	●	●				●		●					●
28 Sea Life im Olympiapark			●							●			●		●

Einkehr
Spielplatz
Tiere
Aussicht
Bademöglichkeit
Wandern
Schifffahrt
Klettern
Besichtigung
Wissenswertes für Kinder
Freizeitpark
Wintergeeignet
Schlechtwettertipp
Kostenlos
Kindergeburtstag

Tour															
29 Galopprennbahn München Riem			●												
30 Reiter- und Erlebnisbauernhöfe			●												●
31 Gut Aiderbichl	●		●												
32 BMW Welt									●	●			●	●	●
33 Flughafen München		●							●	●				●	
34 Bahnpark Augsburg									●	●					
35 Feuerwehrmuseum Waldkraiburg									●	●					
36 Allianz Arena									●				●		●
37 Bavaria Filmstudios	●								●						●
38 Walchenseekraftwerk	●								●	●					
39 Salzbergwerk Berchtesgaden									●	●					
40 Bayerische Volkssternwarte München									●	●			●		●
41 Naturkäserei Kreuth	●								●	●					
42 Botanischer Garten München									●	●					
43 Hofreiter BeerenCafés	●	●								●					
44 Kinderkochkurse	●									●					
45 Volksfeste und Brauchtum	●	●													
46 Ritterfestspiele Schloss Kaltenberg	●								●						
47 Kindertheater													●		●
48 Kinderkonzerte													●		
49 Kunst für Kinder									●	●			●		●
50 Kinderbibliotheken und Buchlesungen										●			●		
51 Deutsches Museum	●								●	●			●		●
52 Winter in München	●		●		●				●	●		●	●		
53 Frühling in München	●	●	●						●		●				
54 Sommer in München	●		●		●			●	●		●				
55 Herbst in München	●	●							●	●					
56 Garmisch-Partenkirchen						●						●			
57 Chiemsee				●	●		●		●	●					
58 Bodensee	●	●	●	●	●		●			●					
59 Altmühltal	●						●		●	●	●				
60 München für Kinder – kostenlos		●							●	●				●	
61 Partyspaß für Geburtstagskinder	●	●	●		●			●	●	●					●

DRIBBELKÖNIG
AFRICA
SAVANNA

Vorwort

In München finden sich an der Isar immer wieder tolle Badestellen für großes Wasservergnügen.

Linke Seite: Im WaldTierPark Blindham gibt es sogar ein Moor zu entdecken.

Welche Eltern wünschen sich nicht, dass sich ihre Kinder später an eine unbeschwerte und aufregende Kindheit erinnern? Kinder sollen für ihre Entwicklung vielfältige Anregungen erhalten, und das geht am besten bei gemeinsamen Familienaktivitäten. Leider bleiben berufstätigen Eltern oftmals nur die Wochenenden, um ihre Kinder Abenteuer erleben zu lassen. In einer alle Möglichkeiten bietenden Großstadt wie München besteht die Herausforderung weniger darin, Gelegenheiten aufzuspüren, als darin, aus dem unglaublich vielfältigen Angebot das Passende auszuwählen.
Gut beraten ist man dabei, wenn man seinen Kindern Aktivitäten zu jedem wichtigen Entwicklungsbereich wie Kunst, Kultur, Sport, Bewegung sowie Natur und Technik anbietet.
In diesem Buch verraten wir unsere persönlichen Tipps für Unternehmungen, Ausflüge und Aktivitäten zu jedem dieser Bereiche und hoffen damit Ihnen, liebe Münchner Eltern und Großeltern, interessante Anregungen und eine gute Orientierung zu geben.

Familien können die Burgruine Ehrenberg schnell erklimmen und erobern.

Vergangene Zeiten

Ein Streifzug durch die Geschichte

1 Burgen und Schlösser

Burgwelt Ehrenberg in Reutte/Tirol

Ausgangs-/Endpunkt
Festung Klause

Anfahrt
Auf der A 95 München–Garmisch-Partenkirchen bis zur Ausfahrt Eschenlohe und weiter über die B 2 und B 23 Richtung Fernpass/Reutte; auf der Fernpassstraße B 179 weiter bis nach Reutte und zur Festung Klause

Alter
Geeignet besonders für Kinder zwischen 5 und 13 Jahren

Gehzeit
Aufstieg zur Burgruine Ehrenberg 30 Min., Aufstieg zur Schaufestung Schlusskopf 1 Std.

Öffnungszeiten
Erlebnismuseum täglich 10–18 Uhr, im Winter bis 17 Uhr, Hängebrücke täglich 8–22 Uhr

Preise
Erwachsene 8 €, Kinder 5 bis 15 Jahre 4,20 €

Einkehr
Landgasthof Klause

Information
Burgenwelt Ehrenberg, Klause 1, 6600 Reutte/Tirol, Tel. +43/5672/620 07, www.ehrenberg.at

Es gibt kaum ein Kind, das sich nicht von tapferen Rittern oder edlen Burgfräulein angesprochen fühlt und sich gern einmal in die Zeit mittelalterlicher Burgen und Schlösser versetzen lassen würde.

Die Burgwelt Ehrenberg besteht aus mehreren Anlagen: der Festung Klause, der Burgruine Ehrenberg, der Festung am Schlosskopf und dem Fort Claudia. Direkt mit dem Auto zu erreichen und auch bei Regenwetter ein Ausflugsziel ist die Festung Klause. Durch ein beeindruckendes Burgtor betritt man den Innenhof. Dort fällt der erste Blick der Kinder auf den schönen Burgspielplatz mit Drachen, Hängebrücke und Burgturm. Hier befindet sich auch der Eingang zu dem besonders kindgerechten Museum. Die Ausstellungsstücke dürfen angefasst werden. So können sich die Kinder einen echten Ritterhelm über den Kopf ziehen oder mittelalterliche Schuhe anprobieren. Für etwas größere Kinder eignet sich die Rätselrallye durchs Museum, an deren Ende eine Ritter- oder Burgfräuleinurkunde wartet. Einkehren und übernachten kann man im Landgasthof Klause.
Mit einem 30-minütigen Anstieg erreicht man die Burgruine Ehrenberg oder nach einer Stunde die Schaufestung Schlosskopf. Der Aufstieg lässt sich durch eine »Schatzsuche« nach dem magischen Schwert kurzweilig gestalten; die entsprechenden Begleithefte erhält man an der Museumskasse. Seit Ende 2014 werden die Burgruine Ehrenberg und das auf dem gegenüberliegenden Bergrücken gelegene Fort Claudia durch eine schwindelerregende und über 400 Meter lange Fußgänger-Hängebrücke miteinander verbunden. Für eine Überquerung mit dem Kinderwagen eignet sich die schmale Brücke nicht.

Noch mehr … Burgen und Schlösser Wer direkt in München eine mittelalterliche Burganlage erleben möchte, kann die Burg Grünwald oder die Blutenburg besuchen. Die **Burg Grünwald** bietet vom Burgturm aus einen schönen Blick über das Isartal. Auf der

In der Burgklause liegt das Erlebnismuseum.

Burg können auch Kindergeburtstagsfeiern und Führungen für Kindergruppen (zu buchen über das Museumspädagogische Zentrum, www.mpz.bayern.de) stattfinden. Die **Blutenburg** (www.blutenburg.de) beherbergt die internationale Jugendbibliothek. Im Schlosshof finden regelmäßig Veranstaltungen statt wie der stimmungsvolle Weihnachtsmarkt Anfang Dezember oder das White Ravens Festival im Juli mit Lesungen für Kinder von fünf bis 13 Jahren.

Auch an märchenhaften Schlössern hat München viel zu bieten. Das **Schloss Nymphenburg** (www.schloss-nymphenburg.de) ist hier eine der größten Sehenswürdigkeiten. Im Schloss werden regelmäßig Kinderführungen angeboten. Im weitläufigen Schlosspark kann man zu jeder Jahreszeit spazieren gehen – ein Durchgang zum Botanischen Garten (Tour 42) ist möglich. Im Nordflügel des Schlosses ist das Museum Mensch und Natur (Tour 51) untergebracht. In einer eigenen Ausstellungsetage für Kinder können diese spielerisch ihr Wissen zu Tieren und Natur erweitern. Jeden Freitagnachmittag findet eine kostenlose Familienführung statt. Das Museum ist insbesondere für Kindergruppen geeignet und bietet auch Kindergeburtstagsfeiern an.

Weitere Schlösser im Münchner Stadtgebiet und in unmittelbarer Umgebung sind etwa die **Residenz** München (www.residenz-muenchen.de), wo ebenfalls zu bestimmten Terminen Kinderführungen stattfinden, das **Schloss Dachau** (www.schloss-dachau.com) und die **Schlossanlage Schleißheim** (www.schloesser-schleissheim.de).

Ritterspiele

Jedes Jahr Ende Juli finden in Reutte/Tirol die Ritterspiele Ehrenberg statt mit Ritterturnier, Mittelaltermarkt, Lagerleben, Feuerwerk und Kinderprogramm.

2 Cowboys und Indianer

Pullman City

Ausgangs-/Endpunkt
Pullman City

Anfahrt
Auf der A 9 München–Nürnberg bis zum Autobahnkreuz Neufahrn und weiter auf der A 92 Richtung Flughafen/Landshut; am Autobahnkreuz Deggendorf weiter auf die A 3 Richtung Linz/Passau bis zur Ausfahrt Hofkirchen-Garham; rechts auf die St 2119 bis nach Eging und der Beschilderung zur Westernstadt folgen

Preise
Kinder ab 5 Jahren 9,50 €, Erwachsene 19,50 €

Information
Westernstadt Pullman City, Ruberting 30, 94535 Eging am See, Tel. 08544/974 90, www.pullmancity.de

Gibt es einen kleinen oder großen Jungen, der sich nicht für Cowboys und Indianer interessiert? Wohl nur selten, denn damit sind Vorstellungen von Abenteuer und Freiheit, Freundschaft, Stärke und Mut verbunden.

In Pullman City fühlen wir uns um 150 Jahre zurückversetzt in das historische Amerika, zu Goldrausch und Südstaatenromantik. Pullman City – das ist ein real gewordener Kindertraum von Cowboys, Indianern und Pferden. Von München bis in den Wilden Westen sind es nur eineinhalb Autostunden. Kinder können in der Westernstadt einen spannenden Tag verbringen beim Goldschürfen, auf Abenteuerspielplätzen und beim Ponyreiten. Gleich neben dem Eingangsbereich weiden die Büffel und hier wartet auch schon der erste von mehreren Spielplätzen mit einer Riesenrutsche sowie Pferd und Kutsche.

Das Zentrum von Pullman City ist die Mainstreet, eine Straße mit Häusern, wie man sie aus Wild-West-Filmen kennt. In der Mainstreet befinden sich verschiedene Themenrestaurants und Läden, in denen man etwa Original-Westernhüte kaufen kann. Tagsüber ist die Mainstreet Kulisse für diverse Shows und Veranstaltungen. Höhepunkt des Tages ist die American History Show, bei der zahlreiche Darsteller in Originalkostümen und sogar echte Büffel amerikanische Geschichte greifbar machen.

Oberhalb der Mainstreet gibt es eine große Reithalle, in der Westernreiter ihr Können demonstrieren. Hier ist auch der Startpunkt für das Ponyreiten. Folgt man dem Rundweg, so gelangt man weiter zu einem großen Indianertipi, wo Bastelaktionen für Kinder stattfinden, sowie zum Mandan Erdhaus. Etwas weiter im Wald versteckt sind der Adventure Trail (ein Niedrigseilparcours) und ein kleiner Teich, an dem mit etwas Glück Gold und Edelsteine herausgewaschen werden können. Ein ganz eigenes Leben spielt sich im Authentic-Bereich ab. Hier leben in kleinen Häusern die Hobbyisten, die in ihrer Freizeit Leben, Bräuche und Handwerk historischer Figuren nachempfinden.

Es wird in der Westernstadt so viel geboten, dass es für ein ganzes Wochenende reicht. Wer übernachten will, kann dies im Palace Hotel in der lebhaften Mainstreet tun oder in Ferienhäusern, Blockhütten und Zelten.

Lasso schwingende Cowboys gibt es auch in der Western City Dasing, im Norden von München.

Noch mehr … Cowboys und Indianer Wer von Cowboys und Indianern nicht genug bekommt, kann noch weitere Westernstädte besuchen, z. B. **Pullman City im Harz** (www.westernstadt-im-harz.de) oder die **Western-City Dasing** (www.western-city.de), die für ihre Karl-May-Festspiele bekannt ist.

3 Bauern und Handwerk

Freilichtmuseum Glentleiten

Ausgangs-/Endpunkt
Freilichtmuseum Glentleiten

Anfahrt
Auf der A 95 München–Garmisch-Partenkirchen bis zur Ausfahrt Murnau/Kochel, dann weiter nach Glentleiten der Beschilderung zum Freilichtmuseum folgen

Öffnungszeiten
Mitte März bis Anfang November 9–18 Uhr (nach der Zeitumstellung bis 17 Uhr), Mo und im Winter geschlossen

Preise
Kinder ab 6 Jahren 2 €, Erwachsene 7 €

Information
Freilichtmuseum Glentleiten, An der Glentleiten 4, 82439 Großweil, Tel. 08851/185 10, www.glentleiten.de

Einmal am Holzherd Essen kochen oder Wäsche waschen wie vor 100 Jahren? In München und Umgebung gibt es vielfältige Möglichkeiten, in den bäuerlichen Alltag unserer Vorfahren einzutauchen. Das größte Freiluftmuseum befindet sich in Glentleiten.

Vom großen Parkplatz aus erreicht man das Eingangsgebäude und gelangt durch einen kleinen Tunnel zum Freiluftgelände. Auf dem weitläufigen Gelände mit wunderschönen Blumenwiesen, Fischteichen und Weiden kann man einen Rundgang machen und dabei immer wieder in die einzelnen Häuser hineinsehen, die aus ganz Oberbayern stammen und originalgetreu wiederaufgebaut wurden. Neben diversen Bauernhäusern und kleinen Anwesen gibt es auch Back- und Bienenhäuser, Werkstätten und Mühlen. Insgesamt sind etwa 60 Häuser zu bewundern. Jeden Samstag gibt es Mitmachaktionen und täglich werden Handwerksvorführungen geboten wie etwa Brotbacken, Filzen, Schnitzen und Töpfern. Auf dem Gelände leben Pferde,

Süße Topfenstriezel werden auf der Glentleiten das ganze Jahr über frisch auf dem Holzofen gebacken.

Hühner, Gänse, Kühe, Schafe und Schweine. Das Museum bietet sich auch für Kindergruppen und Kindergeburtstage an. Einkehren kann man in der Museumsgaststätte oder auf dem Gelände im Biergarten Salettl mit historischer Kegelbahn.

Das Museum Glentleiten hat noch eine Zweigstelle, das Bauernhofmuseum Amerang mit historischen Gebäuden aus dem Chiemgau. Auch dort finden während des ganzen Jahres immer wieder spezielle Kinderveranstaltungen statt.

Staffelsee, Kochelsee und Walchensee liegen in der Nähe von Glentleiten. In dieser Region warten noch andere spannende Dinge darauf, entdeckt zu werden. Am Walchensee etwa lässt sich das Walchenseekraftwerk (Tour 38) oder das Wikingerdorf Flake (Tour 5) besichtigen. Für Kunstinteressierte ist das Franz-

Besonders toll sind die Handwerkertage, bei denen man viel über seltene Berufe wie den Wetzsteinmacher lernen kann.

Marc-Museum in Kochel am See (Tour 49) ein lohnenswertes Ausflugsziel. Sonntagnachmittags können dort Kinder und Erwachsene im offenen Atelier unter Anleitung eines Museumspädagogen malen, basteln und werken.

Noch mehr … Bauernleben Das **Wasmeier Museum** (www.wasmeier.de) am Schliersee bietet sich für einen Sonntagsausflug mit der ganzen Familie an. Die Bayerische Oberlandbahn hält direkt am Museumseingang. Im Museumsgelände sind original aufgebaute Bauernhäuser zu sehen. Herz des Museumsdorfs ist die Gastwirtschaft mit einem großen Biergarten und historischer Kegelbahn, auf der sich die Kinder die Zeit vertreiben können. Auf dem Hof können sie auf Stelzen gehen oder mit Skibrettln laufen, Gänse, Schweine, Kühe und Schafe beobachten oder den Handwerksvorführungen zusehen. Am besten erkundet man das Museumsdorf mit einer Führung, die sonntagnachmittags angeboten wird. Für Kindergruppen und Kindergeburtstage gibt es spezielle Workshops. Etwa einmal im Monat gastiert Kasperls Spuikastl im Wasmeier Museum. Die Stücke sind für Kinder ab vier Jahren geeignet. Nach dem Besuch im Wasmeier Museum bietet sich ein Spaziergang zum Schliersee an, an dessen Ufer man herrlich Steinchen werfen und baden kann. Mit dem Motorschiff oder einem geliehenen Ruderboot kann man eine Seefahrt unternehmen. Der **Jexhof** (www.jexhof.de) ist ein historischer Bauernhof aus dem 18. Jahrhundert. Er bietet insbesondere für Kindergruppen und Kindergeburtstage ein vielfältiges museumspädagogisches Programm. Sonntags um 14 Uhr werden für Kinder ab sechs Jahren diverse Bastelaktionen angeboten. Im **Bauernhausmuseum Erding** (www.landkreis-erding.de) kann das große Bauernhaus mit Bauerngarten, Stall, Backofen und Kapelle angesehen werden. Freitagnachmittags wird hier ein Bauernmarkt abgehalten.

Das Museumsgelände ist sehr großflächig angelegt und es gibt viel zu entdecken.

Rechte Seite: In den liebevoll angelegten Bauerngärten wachsen so manche seltenen historischen Gemüsesorten und Heilkräuter.

4 Komponisten und Musik

Mozarts Geburtshaus in Salzburg

Ausgangs-/Endpunkt
Bahnhof Salzburg

Anfahrt
Auto: A 8 München–Salzburg; Bahn: Mit dem Zug Railjet München–Wien bis Bahnhof Salzburg oder mit dem Meridian von München nach Salzburg

Öffnungszeiten
Mozarts Geburtshaus: 9–17.30 Uhr, im Juli/August 8.30–19 Uhr

Preise
Mozarts Geburtshaus: Kinder ab 6 Jahren 3,50 €, Erwachsene 10 €

Information
Mozarts Geburtshaus, Getreidegasse 9, 5020 Salzburg, +43/662/84 43 13, www.mozarteum.at

Wir hätten nicht gedacht, dass die Zauberflöte von Mozart schon Kindergartenkinder fesselt. Dabei ist das gar nicht verwunderlich: die eingängige Musik, die spannende Geschichte, der Mythos von Mozart als Wunderkind … all das können Kinder sehr gut nachvollziehen.

Nahebringen kann man den Kindern Mozart natürlich am besten in der Stadt Salzburg. Sie lässt sich von München aus in 90 Minuten unkompliziert mit der Bahn erreichen. Der Railjet hat sogar ein Kinderkino an Bord. Um den Weg vom Bahnhof in die Salzburger Altstadt schon als erstes Abenteuer zu gestalten, kann eine Fahrradrikscha (z. B. bei www.rikschatours.at) gebucht werden. Der Fußweg zurück von der Innenstadt zum Bahnhof wird erleichtert durch eine Pause im Mirabellgarten, wo der Zauberflötenspielplatz und der Zwergelgarten mit 28 Zwergen (derzeit vorübergehend im Bastionsgarten) erkundet werden können.

Die Salzburger Altstadt mit dem Residenzplatz ist mehr als nur einen Ausflug wert.

Rechte Seite: Eines der berühmtesten Gebäude ist natürlich das Mozarthaus in der Getreidegasse.

Das Geburtshaus Mozarts liegt in der Getreidegasse mitten in der wunderschönen Salzburger Altstadt. Über drei Etagen erstreckt sich das Museum, das einen Einblick in Mozarts Leben und Werke gibt. Bilder von Mozart und seiner Familie, seine Kindergeige und der Hörraum sind auch schon für Kinder interessant. Wer mag, kann zusätzlich noch Mozarts Wohnhaus besuchen, das etwa fünf Gehminuten entfernt ist.

Wer mit seinen Kindern in Salzburg ein klassisches Konzert besuchen möchte, ist bei den Veranstaltungen von »der KlangKarton« gut aufgehoben. An verschiedenen Wochenenden im Jahr gibt es im Mozarteum Konzerte für Kinder von null bis vier Jahren und von vier bis sechs Jahren.

Der Besuch in Salzburg lässt sich noch ausdehnen auf die über der Stadt gelegene Festung Hohensalzburg oder das Schloss Hellbrunn.

Party mit Mozart

Eine Geburtstagsfeier unter dem Motto »Mozart – eine musikalische Begegnung« kann in der Residenz München gebucht werden. Kinder von sieben bis zwölf Jahren können hier Mozart und seine Musik entdecken, dazu dirigieren und tanzen. Buchbar unter www.mpz.bayern.de.

5 Wikinger

Wikingerdorf Flake am Walchensee

Ausgangs-/Endpunkt
Walchensee

Anfahrt
Auf der A 95 München–Garmisch-Partenkirchen bis zur Ausfahrt Murnau/Kochel, weiter nach Kochel, dort rechts auf die B 11 und über die Kesselbergstraße zum Walchensee

Öffnungszeiten
Täglich von Mitte April bis Anfang Oktober

Preise
Eintritt frei, Kinderführung: Kinder 1 €, Erwachsene 2 €

Information
Flake, Seestraße, 82432 Walchensee, www.walchensee.de

Es gibt wohl kaum ein Kindergartenkind, das nicht die Bücher oder Filme von Wicki, dem schlauen Wikingerjungen kennt und liebt. Selbst einmal in der Filmkulisse zu stehen und zwischen den Wikingerhäusern zu schlendern, das ist am Walchensee möglich.

Das Wikingerdorf Flake befindet sich direkt am Ufer des Walchensees zwischen dem Café Bucherer und der Wasserwacht. Das Auto kann an der gegenüberliegenden Straßenseite auf einem gebührenpflichtigen Parkplatz abgestellt werden.
Zu sehen sind fünf Holzhäuser, die aber nicht betreten werden können. Mehrere Informationsschilder erzählen aus dem Leben der Wikinger. Der Eintritt ist frei und von April bis Oktober möglich. Jährlich am letzten Wochenende der bayerischen Sommerferien findet in Flake ein Wikingermarkt statt. In den Sommermonaten gibt es immer donnerstags eine Kinderführung

Nicht immer ist es so ruhig im Wikingerdorf Flake.

durch die Tourist-Info Walchensee (Anmeldung erforderlich). Da die Besichtigung von Flake außerhalb einer Führung nicht mehr als 15 Minuten in Anspruch nimmt, empfiehlt es sich, den Besuch dort mit noch einem weiteren Ausflugsziel zu verbinden. In unmittelbarer Nähe befindet sich die Talstation der Herzogstandbahn (www.herzogstandbahn.de). Lohnenswert ist auch ein Abstecher zum Walchenseekraftwerk (Tour 38). Auf der Rückfahrt vom Walchensee nach München kommt man in Kochel am See direkt am Franz-Marc-Museum vorbei, das ein museumspädagogisches Programm für Kinder anbietet (Tour 49). In Kochel am See lockt auch das Erlebnisbad Kristall Trimini (www.kristall-trimini-kochel-am-see.de). Zudem führt die Rückfahrt durch Benediktbeuern, wo von Mai bis September das Alpenwarmbad mit Kinderplantschbecken geöffnet hat und natürlich die bekannte Klosteranlage besichtigt werden kann. In der Nähe des Klosters gibt es mehrere Erlebnisbiotope wie z. B. einen Barfußpfad, einen Klangpfad und einen Moorpfad (www.zuk-bb.de).

Noch mehr … Wikinger Wer noch mehr von der Filmkulisse von Flake sehen möchte, sollte einen Ausflug in die **Bavaria Filmstudios** nach Grünwald (Tour 37) machen. Dort können weitere Häuser sowie ein Wikingerschiff besichtigt werden.

Links: Der Totempfahl begrüßt uns im Inneren des Dorfes.

Rechts: Wer noch so richtig in der Natur sausen möchte, fährt danach nach Benediktbeuern zum Moorlehrpfad.

6 Urzeit

Fossiliensteinbruch Blumenberg

Ausgangs-/Endpunkt
Blumenberg bei Eichstätt

Anfahrt
Auf der A 9 Richtung Ingolstadt bis zur Ausfahrt Ingolstadt-Süd, dann der Beschilderung Richtung Eichstätt folgen; in Eichstätt zum Ortsteil Blumenau am nördlichen Altmühlufer

Öffnungszeiten
Ende März bis Ende Oktober, 10–17 Uhr, bei schlechtem Wetter geschlossen

Preise
Kinder 1,50 €, Erwachsene 3 €, Familienkarte 6 €, Leihgebühr für Werkzeug 1,50 €

Information
Fossiliensteinbruch Blumenberg, Kinderdorfstraße 1, Eichstätt, www.naturpark-altmuehltal.de

Mammuts, Dinosaurier und Urzeitmenschen – die Entwicklung unserer Erde ist faszinierend. Eine besondere Verbindung zu dieser Vergangenheit spürt, wer sich selbst auf Fossiliensuche begibt und das Glück hat, versteinerte Fundstücke in die Hand nehmen zu können.

Das Hämmern und Klopfen hört man schon, bevor man den Steinbruch auf dem Blumenberg bei Eichstätt sieht. Vom Parkplatz kommend, fällt der Blick zunächst auf einen lebensgroßen

Am besten man leiht wirklich für jedes Familienmitglied Hammer und Meißel aus, denn die Schatzsuche packt Groß und Klein.

Dinosaurier. Daneben befinden sich ein Spielpatz und ein Kiosk, wo man gegen eine Leihgebühr Hammer und Flachmeißel ausleihen kann. Von hier erfolgt der Abstieg über Geröllhalden bis zum Boden des Steinbruchs.

Viele Familien kommen mit Klappstühlen, Picknickkorb und eigenem Werkzeug. Aber egal, welches Fleckchen man für sich zum Klopfen aussucht, die Chance auf einen Fund ist für jeden gleich. Die weichen Kalksteinplatten am Boden können mit dem Meißel leicht abgehoben und gespalten werden. Mit etwas Glück findet man die schneckenförmigen Ammoniten oder Haarsterne, die vor 150 Millionen Jahren in einem hier befindlichen tropischen Meer lebten. Enttäuscht von der Suche wird niemand werden, denn zumindest sogenannte Dendriten sind in großer Zahl und leicht zu finden. Sie sehen aus wie versteinerte Moose, rühren aber von Regenwasser her, das sich bäumchenartig in den Gesteinsspalten verästelt hat. Die Fundstücke dürfen mit nach Hause genommen werden.

Lesetipp

Ammon/Taschner, Die schönsten Tagesausflüge im Altmühltal, J. Berg Verlag 2013

Wer nach dieser Erfahrung sein Wissen über die Urzeit noch weiter vertiefen möchte, kann dies im benachbarten Museum Bergér (www.museum-berger.de) tun oder fährt ein kurzes Stück nach Eichstätt zur Willibaldsburg, wo im Jura-Museum (www.jura-museum.de) beeindruckende Fossilien – insbesondere der Urvogel Archäopteryx – zu bestaunend sind. Sehr anschaulich sind auch die Schauaquarien, in denen sich lebende Fossilien wie Nautilus und Pfeilschwanz befinden, Lebewesen also, die sich seit der Urzeit nicht verändert haben. Wer mag, kann sich nach

Im Altmühltal liegen noch mehr Sammelsteinbrüche und Klopfplätze wie hier bei Tittling.

dem Besuch im Jura-Museum im Burgrestaurant ausruhen und für Neues stärken.

Noch mehr ... Urzeit Im Mittelpunkt der Ausstellung des **Paläontologischen Museums in München** (www.palmuc.de) steht das riesige Skelett eines Urelefanten. Daneben gibt es weitere Skelette von Dinosauriern und einem Säbelzahntiger zu bestaunen. In einem kleinen Hörsaal im Erdgeschoss werden Filme über Dinosaurier gezeigt. Das Museum ist bis auf den ersten Sonntag im Monat an den Wochenenden geschlossen.

Für Kinder ab vier Jahren wird der Besuch im **Urzeitmuseum Taufkirchen** (www.urzeitmuseum.de) empfohlen. Hier können beispielsweise das einzige Allosaurus-Skelett in Bayern sowie ein Steinmeteorit aus dem Weltall bestaunt werden.

Das **Mammutmuseum Siegsdorf** (www.museum-siegsdorf.de) ist schon von außen an dem lebensgroßen Mammut zu erkennen. Im Museum gibt es u. a. eine Bärenhöhle zu entdecken, außerdem die Skelette eines Höhlenlöwen und eines riesigen Mammuts im oberen Stock. Direkt am Museum befindet sich der Steinzeitgarten, wo Kinder u. a. nach Glitzersteinen suchen kön-

Am Mammutmuseum steht bereits Rudi, das große Maskottchen von Siegsdorf.

nen. Das Museum ist am Kurpark gelegen, sodass man an den Museumsbesuch noch einen Spaziergang anschließen kann.
Wer an der frischen Luft sein und in die Welt der Dinosaurier eintauchen möchte, kann dies im **Triassic Park** auf der Steinplatte Waidring (Tour 10) tun oder im **Dinosaurier-Freiluftmuseum** Altmühltal (www.dinopark-bayern.de). 80 lebensgroße Dinosaurier und Mammuts warten dort auf die Besucher.
Die Wohnhöhle eines Steinzeitmenschen, das **Schulerloch** (www.schulerloch.de), kann in Essing besucht werden. Die Fahrzeit von München beträgt etwa eine Stunde. Das Schulerloch muss erwandert werden. Vom Parkplatz aus führt ein Fußweg durch den Wald (50 Höhenmeter, 20 Minuten), der Aufstieg wird mit einer schönen Aussicht belohnt. Erholen kann man sich im Terrassencafé in unmittelbarer Nähe zum Höhleneingang. Eine Besichtigung der Tropfsteinhöhle ist nur mit Führung möglich, diese dauert 30 Minuten und findet alle halbe Stunde statt. Für die Kinder besonders beeindruckend ist das am Ende der Führung gezeigte Höhlenkino, eine Projektion, die die Urzeit mit Mammuts, Säbelzahntigern und Höhlenmenschen wiederaufleben lässt. Die Höhle ist von März bis November geöffnet.

7 Römer

Weißenburg in Bayern

Ausgangs-/Endpunkt
Weißenburg in Bayern

Anfahrt
Auf der A 8 München–Stuttgart bis zur Ausfahrt Kreuz Augsburg-West und weiter auf der B 2 Richtung Donauwörth/Gersthofen, dann Richtung Nürnberg bis Weißenburg fahren

Öffnungszeiten
Römische Therme 15. März bis 15. November 10–17 Uhr

Preise
Römische Therme Kinder 2,50 €, Erwachsene 4 €

Information
Bayerisches Limes-Informationszentrum, Martin-Luther-Platz 3, 91781 Weißenburg, Tel. 09141/907-124, www.weissenburg.de, www.naturpark-altmühltal.de

Wer sich für die Geschichte der Römer in Bayern interessiert, kommt um einen Ausflug ins Altmühltal nicht herum. Hier finden sich zahlreiche sichtbare Spuren aus der Zeit, als sich das Römische Reich bis zur Donau ausdehnte.

Weißenburg in Bayern war eine Garnisonsstadt der Römer. Geschützt unter einem Dach liegen die Ruinen einer römischen

Die historische Therme von Weißenburg

Badeanstalt. Auf Holzstegen können die Besucher durch die Anlage gehen und von oben auf die Steine blicken. Die Räume der Therme, die Gymnastikhalle und Reste der Heizanlage sind zu erkennen. Unweit der Therme befindet sich das Kastell Biriciana. Die beeindruckende Burgmauer und das Burgtor sind schon von Weitem zu sehen. Das Limes-Informationszentrum in Weißenburg widmet sich vor allem dem Verlauf des Limes.
Neben Weißenburg ist auch Eichstätt ein guter Ausgangspunkt zur Erkundung der Römerzeit. Von hier aus ist es nicht weit bis nach Pfünz, wo das Kastell Castra Vetoniana besichtigt werden kann. 15 Minuten benötigt man vom Parkplatz bis zum Kastell, von dem ein Burgtor sowie teilweise die Burgmauer wiederaufgebaut worden sind. Zu sehen sind die Wachstube mit zwei

Die Rekonstruktion des Römerkastells von Pfünz ist sehr anschaulich.

römischen Soldaten, Erläuterungen zur Anlage gibt es auf dem Römerlehrpfad rund um das Kastell (Gehzeit 30 Minuten). Die Funde aus dem Kastell werden im Museum für Ur- und Frühgeschichte auf der Willibaldsburg in Eichstätt ausgestellt. Ein weiteres Bauwerk in der Nähe von Eichstätt ist die Villa Rustica Möckenlohe. Auf dem Gutshof werden Wollschweine und bestimmte Ziegen-, Rinder-, Schafs- und Pferdearten gehalten, die ihren Vorfahren aus der Römerzeit entsprechen sollen. In Erkertshofen steht ein wiederaufgebauter Wachturm mit Aufenthaltsraum, Dienstraum und Lagerraum. Rund um den Wachturm führt ein drei Kilometer langer Limespfad (Gehzeit etwa eine Stunde), der allerdings nicht mit Kinderwagen befahrbar ist. Unterwegs sind weitere Fundamente eines Turms und eines Kastells zu sehen. Das Römer- und Bajuwarenmuseum befindet sich auf der Burg Kipfenberg. Gezeigt wird hier etwa die Rekonstruktion eines germanischen Grabes mit den Grabbeigaben.

Noch mehr … Römer Wer sich in München zum Thema Römer informieren möchte, wird in der **Archäologischen Staatssammlung** (www.archaeologie-bayern.de) fündig. Hier wird die römische Geschichte in Bayern dargestellt, u. a. werden Schätze und Steindenkmäler gezeigt. Über das Museumspädagogische Zentrum München (www.mpz.bayern.de) können Kindergärten und Schulklassen Führungen zum Leben der Römer buchen.

Viel Spaß und Bewegung gibt es an der frischen Luft und in den Bergen wie im Triassic Park in Waidring/Tirol.

Spiel, Sport & Spaß

Austoben bei jedem Wetter

8 Erlebnisparks

Legoland Günzburg

Ausgangs-/Endpunkt
Legoland Günzburg

Anfahrt
Auf der A 8 München–Stuttgart bis Ausfahrt Günzburg und der Beschilderung zum Legoland folgen

Alter
Empfohlen für Kinder zwischen 3 und 12 Jahren

Öffnungszeiten
10 bis 18 Uhr, im Sommer teilweise bis 22 Uhr, Mitte November bis Anfang März geschlossen

Preise
Kinder 37 €, Erwachsene 42 €

Information
Legoland Deutschland Freizeitpark GmbH, Legoland Allee, 89312 Günzburg, Tel. 0180/670 07 57 01, www.legoland.de

Sie wollen die Augen Ihrer Kinder zum Leuchten bringen? Dann verbringen Sie mit ihnen einen Tag in einem Freizeitpark. Ob wilde Achterbahnen und Wasserrutschen für Wagemutige oder fantasievolle Spielplätze für Entdecker – hier findet jeder etwas.

Wer für seine Kinder ein Ausflugsziel für besondere Gelegenheiten (Geburtstagskinder haben übrigens freien Eintritt) sucht, trifft mit dem nur eine Autostunde von München entfernten Legoland eine gute Wahl. Den größten Spaß werden Kinder zwischen drei und etwa zwölf Jahren haben. Die Fahrgeschäfte setzen in der Regel ein Mindestalter voraus.

Das Legoland ist in Themenbereiche eingeteilt. Eine gute Möglichkeit, sich einen ersten Überblick zu verschaffen, ist eine Fahrt mit dem Legoland-Express oder auf den 50 Meter hohen Aussichtsturm, der wie ein Fahrstuhl funktioniert und sich oben einmal um seine Achse dreht. Gleich gegenüber dem Eingangsbereich befindet sich das Miniland, für das das Legoland bekannt wurde, eine Nachbildung verschiedener Bauten und Stadtbilder aus Tausenden von Legosteinen. Im Reich der Pharaonen kann man sich auf eine virtuelle Schatzsuche im Tempel begeben. Wilde Achterbahnen warten im Ritterland.

Echte Legoland-Profis erkennt man daran, dass sie ein Regencape dabeihaben, wenn sie das Piratenland betreten. Nass wird man nämlich bei der Piratenschlacht garantiert. Merkwürdigerweise sind es vor allem die Väter, die den größten Spaß am Zielen mit den Wasserkanonen haben. Wer vom Nasswerden noch nicht genug hat, geht gleich weiter in das Land der Abenteurer und wagt eine Fahrt mit der Wasserrutsche.

Bei so viel Abenteuer kann man schon mal hungrig werden, und so finden sich in jedem Themenbereich zahlreiche Restaurants und Cafés. Und was wäre ein Legoland-Besuch ohne einen Abstecher in einen der vielen Lego-Themenshops auf dem Gelände?

Das Ravensburger Spieleland eignet sich hervorragend vor allem für kleinere Kinder.

Zwölf Stunden reine Erlebniszeit würde es dauern, alle Attraktionen auszuprobieren. Ein Besuchstag reicht also nicht aus. Da hilft nur wiederkommen – oder übernachten. Möglich ist das auf dem Gelände in einer der beiden Ritterburgen, in den Themenhäusern oder auf dem Campingplatz. Im Feriendorf befindet sich auch der Lego-Hochseilgarten, der von Kindern ab vier Jahren benutzt werden kann.

Noch mehr … Freizeitparks Der **Playmobilpark** (www.playmobil-funpark.de) bei Nürnberg, der sich vor allem an Kinder zwischen vier und neun Jahren wendet, hat ein anderes Parkkonzept als die klassischen Freizeitparks. Anstelle von Fahrgeschäften gibt es im Playmobilpark die unterschiedlichsten Spielplätze – also Spaß ohne Anstehen und Wartezeiten. Ein Balancier-Parcours für verschiedene Altersstufen, der Wasserspielplatz Arche Noah, die Ritterburg und das Baumhaus seien nur beispielhaft erwähnt. Damit bei all dem Abenteuer kein Kind verloren geht, empfiehlt es sich, den Kindern die kostenlos zur Verfügung gestellten Armbänder umzubinden und darauf die eigene Handynummer zu notieren.
Im **Ravensburger Spieleland** (www.spieleland.de) gibt es Attraktionen für Kinder ab zwei Jahren. Fix & Foxi, Käpt'n Blaubär und Maus & Elefant begegnen den Kindern in den einzelnen Themenparks. Kinder ab drei Jahren dürfen an der mehrmals täglich stattfindenden Schokowerkstatt teilnehmen.

9 Märchenwälder

Märchenwald Wolfratshausen

Ausgangs-/Endpunkt
Märchenwald Wolfratshausen

Anfahrt
Auto: Auf der A 95 Richtung Garmisch-Partenkirchen bis zur Ausfahrt Wolfratshausen, dann weiter nach Wolfratshausen.
Bahn: Mit der S7 Richtung Wolfratshausen bis zur Endstation, dann zu Fuß zum Märchenwald

Öffnungszeiten
Täglich 9–18 Uhr, Einlass bis 16 Uhr

Preise
Kinder ab 85 cm Körpergröße 12 €, Erwachsene 13 €

Einkehr
Duc Minh in der Kräuterstraße direkt am Eingang zum Märchenwald

Information
Freizeitpark Märchenwald im Isartal GmbH, Kräuterstraße 39, 82515 Wolfratshausen, Tel. 08171/385 58 38, www.maerchenwald-isartal.de

Als Tipp für eine Unternehmung an einem besonders heißen Sommertag denkt man eher an ein Schwimmbad oder einen See. Überraschend angenehm bei heißen Temperaturen – aber auch bei jedem anderen Wetter – ist ein Aufenthalt im Märchenwald Wolfratshausen.

Den Märchenwald in Wolfratshausen gibt es schon so lange, dass ihn viele Münchner Eltern noch aus ihrer eigenen Kinderzeit kennen dürften. Man erreicht ihn am besten mit dem Auto. An manchen Tagen kann es sein, dass der ausgeschilderte Parkplatz in der Kräuterstraße belegt ist. Dann kann man am Wochenende auf den Parkplatz in der Äußeren Sauerlacher Straße 6–10 ausweichen.

Gleich im Eingangsbereich wartet ein großer Spielplatz auf die Kinder, besonders beliebt ist der alte Traktor, der zum Erkunden abgestellt wurde. Hat man es geschafft, die Kinder von dort wegzulocken, stürzen sie sich meist sofort auf die nächsten beiden Attraktionen: eine kleine Eisenbahn und die Hasen- und Igelbahn. Im Eingangsbereich findet sich auch ein Restaurant, in dem man schnelle Gerichte und Eis bestellen kann.

So gestärkt kann man sich auf den Rundweg durch den Märchenwald begeben. Schaukästen zu den Märchen Schneewittchen und Aschenputtel säumen den Weg bis zum Kraxelgarten. Weiter geht es zur Wildsaureitbahn, wo man entweder zum Huberhof abbiegen kann, in dem alle lebensecht nachempfundenen Kühe, Schweine, Pferde und Gänse lautstark das Lied »Old MacDonald had a farm« singen, gackern und muhen, oder zur Oldtimer-Autobahn und Pferdereitbahn. Auf dem Weg zur Oachkatzelbahn, die Kinder ab vier Jahren benutzen dürfen, kommt man schließlich noch am sprechenden Baum und am Zauberdorf vorbei.

Insgesamt muss man für diese Runde einschließlich Pausen sicher drei Stunden einplanen. Für Geburtstagsfeiern stehen exklusiv die Baumhäuser in sechs Metern Höhe zur Verfügung.

Noch mehr … Märchenwälder In der Nähe des Chiemsees gibt es gleich zwei Märchenwälder. Zum einen den **Märchenerlebnispark Marquartstein** und zum anderen den **Freizeitpark Ruhpolding** (beide unter www.maerchenpark.de). Highlight in Marquartstein ist die Sommerrodelbahn. Man muss seinen Schlitten selbst nach oben ziehen und kann dann in fünf Steilkurven wieder nach unten brausen. Im Schneckentempo oder auch rasant kann die Trethochbahn befahren werden – je nachdem, wie schnell man in den Schneckengefährten in die Pedale tritt. Die Kinder erfreuen sich auch am Streichelzoo und am Wasserspielgarten. Den Freizeitpark Ruhpolding gibt es schon seit 50 Jahren. Highlights dort sind eine Achterbahn und das Rutschenparadies. Im Reich der Dinosaurier sind lebensecht nachgebildete Dinos zu sehen, die sich in gewissen Zeitabständen von allein bewegen. Und natürlich dürfen die Märchendarstellungen nicht fehlen. Neu seit 2015 ist der Niedrigseilgarten, der für Kinder ab fünf Jahren empfohlen wird.

Links: Auf König Arthurs Spuren im Märchenpark Marquartstein

Rechts: Die trickreichen Fahrräder im Märchenpark Ruhpolding sind eine Herausforderung für die ganze Familie.

10 Bergerlebniswelten

Ellmis Zauberwelt Ellmau

Ausgangs-/Endpunkt
Talstation Hartkaiserbahn in Ellmau

Anfahrt
Auf der A 8 Richtung Salzburg bis zum Dreieck Inntal, dort weiter Richtung Verona/Brenner auf der A 93 und A 12 bis zur Ausfahrt Kufstein Süd (Vignettenplicht!); dann auf der B 178 weiter Richtung St. Johann bis nach Ellmau und dort zum ausgeschilderten Parkplatz der Hartkaiserbahn

Tourencharakter
Einfache Rundwanderung

Gehzeit
90 Min. für den Rundweg durch den Zauberwald einschließlich Spiel- und Entdeckerzeit

Öffnungszeiten
Mitte Mai bis Ende Oktober täglich 9–17.30 Uhr

Preise
Berg- und Talfahrt 19,50 €, Kinder ab 5 Jahren 10 €

Einkehr
Panoramarestaurant Bergkaiser an der Bergstation

Information
Ellmis Zauberwelt, Weißachgraben 5, 6352 Ellmau, Tel. +43/5358/23 20-0, www.ellmi.at

Sie lieben die Berge, aber Ihre Kinder haben keine Lust zu wandern? Kein Problem: Wenn es darum geht, das Geheimnis des Koboldkönigs zu entdecken, sind kleine Wanderer sofort hochmotiviert.

Ausgangspunkt für den Bergausflug ist die gut ausgeschilderte Hartkaiserbahn in Ellmau, Österreich. Mit modernen 10-Personen-Gondeln wird man in wenigen Minuten zur Bergstation auf 1500 Meter Höhe gebracht. Unmittelbar am Ausgang der Bergbahn ist ein großes Restaurant mit Freisitz und Spielplatz, wo man sich vor oder nach der Wanderung stärken kann. Der Spielplatz setzt sich unterhalb des Restaurants fort. Rutschen, Trampoline, Schaukeln, Klettergerüste und Wasserspiele lassen die Kinder die Zeit vergessen und erlauben so den Eltern, den beeindruckenden Bergblick zu genießen.

Die lebensgroße Figur des Zauberers Tumaris oberhalb des Spielplatzes ist der Ausgangspunkt für den kleinen Rundweg durch die Zauberwelt. Entlang der Wegstrecke weisen Koboldzeichen auf Aufgaben hin. Hier gilt es zu beurteilen, ob die jeweilige Behauptung des Koboldkönigs, wie z. B. »Der Knollenblätterpilz sieht einem Champignon ähnlich«, richtig ist. Wenn ja, darf im Zauberpass ein Koboldzeichen gestanzt werden; wenn nein, bleibt es frei. Wer alles richtig beantwortet hat, erhält im Restaurant, wo es auch den Zauberpass gibt, ein kleines Geschenk.

Nicht nur die Fragestationen machen den Rundweg zum Abenteuer für die Kleinen, sondern auch der Kletterparcours, die verzauberte Koboldhütte, ein Aussichtsturm und das Klabauterschiff mit Minisee (Wechselkleidung nicht vergessen!). Um alles in Ruhe entdecken zu können, sollten ca. 60 bis 90 Minuten für den Rundweg eingeplant werden.

Wer sich mit größeren Kindern einen etwas längeren Weg zutraut, kann den Panoramaweg um die Zauberwelt herum oder den Almweg mit Stationen zur Heilkunde (40 Minuten) wählen oder auf dem Rübezahlwanderweg (etwa eine Stunde) zur Mittelstation der Hartkaiserbahn absteigen. Der Panoramaweg vom Hartkaiser zum Hexenwasser Söll verbindet gleich mehrere Bergerlebniswelten. Er führt von »Ellmis Zauberwelt« über die »Kaiserwelt« am Brandstadl in Scheffau bis zum »Hexenwasser« Hochsöll, einem ideenreichen Wasserspielpark. Mit der Bergbahn Söll geht es zurück ins Tal und mit dem Bus wieder nach Ellmau.

Noch mehr … Bergerlebniswelten In unmittelbarer Nähe zu Ellmis Zauberwelt findet sich gleich noch eine Bergerlebniswelt, die für

Auch das Hexenwasser in Söll ist ein beliebtes Ziel für Familien in den Bergen.

Bergliebhaber mit Kindern ein perfektes Ausflugsziel darstellt: das **Hexenwasser Söll/Österreich** (www.hexenwasser.at). Hinauf geht's bequem mit der Gondelbahn. Direkt am Ausstieg befinden sich das Gasthaus Hochsöll und der Hexenkessel, ein Shop, wo u. a. Badebekleidung und Handtücher gekauft werden können. Wer nicht an Wechselkleidung gedacht hat, wird für diesen Service dankbar sein. Entlang der Rundwege, die alle mit dem Kinderwagen befahren werden können, reiht sich nämlich eine Wasserspielstation an die andere. Die Stationen sind äußerst fantasievoll gestaltet – Wasserkanäle mit Staumöglichkeit, ein Floß zum Selberdrauffahren, Bachläufe zum Barfußdurchqueren – und haben nicht selten einen Überraschungseffekt, wie etwa unerwartete Wasserfontänen. Wer allerdings glaubt, seine Kinder zum Wandern motivieren zu können, indem man von einem Wasserspielplatz zum nächsten geht, wird möglicherweise enttäuscht werden. Schon die ersten Wasserkonstruktionen können für die Kinder so faszinierend sein, dass man sich kaum von seinem Ausgangspunkt entfernt. Söll ist von München aus in etwa eineinhalb Autostunden zu erreichen. Wer hieraus einen Wochenendausflug machen möchte, kann direkt an der Talstation der Gondelbahn im Hotel Hexenalm oder im Hotel Hexenblick übernachten. Ein Garten mit Spielplatz ist vorhanden.

Nicht vergessen

Für die Einreise nach Österreich sind der Personalausweis und die Kinderausweise mitzuführen.

Kleine Dinofans werden im **Triassic Park** (www.triassicpark.at) auf der Steinplatte Waidring glücklich. Empfohlen wird er für Kinder ab drei Jahren. An der Bergstation der Gondelbahn wartet das Triassic Center, wo die Urzeit spielerisch entdeckt werden kann. Danach sollte man sich auf den Triassic Trail begeben, einen vier Kilometer langen Rundweg, der auch mit Kinderwagen befahrbar ist. Reine Gehzeit sind eineinhalb Stunden, man sollte aber zwei bis zweieinhalb Stunden einplanen, um alles entdecken zu können. Höhepunkt ist hier sicher das Mini-Urmeer Triassic Beach. Hier gibt es einen Sandstrand, an dem nach Fossilien gebuddelt werden kann, eine Kinderkletterwand und einen Spielplatz. Mit Flößen kann man über das Wasser steuern. Schwindelfreie trauen sich auf die 70 Meter über dem Abgrund thronende Aussichtsplattform. Von hier aus hat man einen schönen Blick auf den Wilden Kaiser und die Loferer Steinberge. Der Triassic Park ist von Juni bis Anfang Oktober geöffnet.

11

Sommerrodeln

Schliersbergalm

Ein Sonntagsausflug in die Berge – die einen wollen wandern, die anderen spielen. Auf der Schliersbergalm kann man das perfekt verbinden. Besonders praktisch: Sie müssen sich bei diesem Ausflug nicht in den Stau stellen, denn die BOB bringt Sie bequem hin.

Ausgangs-/Endpunkt
Talstation der Schliersbergbahn

Anfahrt
Auto: Auf der A 8 Richtung Salzburg bis zur Ausfahrt Weyarn, dann weiter Richtung Schliersee; in Schliersee an der zweiten Ampel links zur Talstation. Bahn: Mit der Bayerischen Oberlandbahn bis zum Bahnhof Schliersee fahren und von dort in etwa zehn Minuten zu Fuß zur Talstation.

Öffnungszeiten
Ganzjährig geöffnet, die Gondelbahn fährt von 8.30–22 Uhr, im Winter bis 18 Uhr

Preise
Seilbahn: Erwachsene 8 €, Kinder ab 4 Jahren 4 €

Einkehr
Restaurant Schliersbergalm

Information
Schliersbergalm, 83727 Schliersee, Tel. 08026/67 23, www.schliersbergalm.de

Wer zu Fuß auf den Schliersberg gestiegen ist, hat sich eine Brotzeit im großen Biergarten verdient.

Die Schliersbergalm erhebt sich oberhalb des Schliersees. Die Anfahrt mit dem Auto bis zur Talstation der Gondelbahn ist möglich, aber wir empfehlen, vom Münchner Hauptbahnhof aus mit der Bayerischen Oberlandbahn bis Schliersee zu fahren. Von dort sind es nur etwa zehn Minuten Fußweg zur Talstation. Wer mag, kann von hier aus zur Alm aufsteigen, das sind etwa 200 Höhenmeter und 30 bis 45 Minuten gemütliches Gehen. Der Weg ist kinderwagengeeignet. Die weniger Wanderfreudigen können mit der Gondelbahn hinauffahren. Oben erwartet einen nicht nur eine fantastische Aussicht, sondern auch ein großer Biergar-

ten und für die Kinder ein Spielplatz, ein Minigolfplatz, eine Trampolinanlage und ein Swimmingpool. Das Beste aber sind die beiden Sommerrodelbahnen: Mit dem Alpenroller fährt man oben am Berg eine kleinere Runde, zunächst mit Schwung etwas nach unten und dann mit Motorkraft wieder hinauf. Der Sommerrodel bringt einen dagegen zurück ins Tal und verlangt etwas mehr Mut als der Alpenroller.
Wer den Besuch auf der Schliersbergalm noch mit einem zweiten Highlight verbinden möchte, kann das Wasmeier Museum (Tour 3) besuchen. Es befindet sich nur eine Station mit der Bayerischen Oberlandbahn entfernt.

Linke Seite: Die Blombergbahn ist ein Klassiker.

Noch mehr … Sommerrodler Der **Kolbensattel** bei Oberammergau (www.kolbensattel.de) punktet mit einem schönen Bergpanorama, der bewirtschafteten Kolbensattelhütte und einem großen Bergspielplatz mit einer kleinen Seilbahn und verschiedenen Klettermöglichkeiten. An schönen Tagen kann es hier schon mal recht voll werden. Auf dem Kolbensattel gibt es einen Kletterwald mit neun Parcours und einen Bike-Park mit sechs Trails. Hinauf geht es mit dem Sessellift, hinab mit dem Alpine Coaster, einem schienengeführten Sommerrodler mit Magnetbremse. Auf ihm können Geschwindigkeiten bis 40 km/h erzielt werden. Der Betreiber erlaubt Kindern ab drei Jahren das Mitfahren, ab acht Jahren dürfen sie alleine fahren. Schon wegen der Bergfahrt mit dem Sessellift würden wir diesen Ausflug nicht für die Allerkleinsten empfehlen.
Eine nicht ganz so wilde Sommerrodelbahn findet man in **Riedenburg/Altmühltal**, etwa 60 Autominuten von München entfernt. Der AltmühlBOB (www.altmuehlbob.com) hat eine Schienenlänge von 1000 Metern, die Geschwindigkeit kann selbst bestimmt werden. Direkt an der Sommerrodelbahn gibt es einen großen Spielplatz mit zwei Ziegen, die gestreichelt werden können, Hüpfburgen, Klettergerüsten, Schaukeln, überdachtem Sandkasten und einer kleinen Wasserspielstation. Es gibt Picknickbänke, auf denen selbst mitgebrachtes Essen verzehrt werden kann, und auch einen Kiosk, der Snacks und Getränke verkauft.
Die Klassiker unter den Sommerrodelbahnen im Münchner Umland sind die **Blombergbahn** am Blomberg (www.blombergbahn.de) und der **Jaudenhang-Flitzer** am Brauneck (www.jaudenhangflitzer.de).

12 Walderlebnis

Walderlebniszentrum Grünwald

Ausgangs-/Endpunkt
Walderlebniszentrum Grünwald

Anfahrt
Auto: Von München nach Grünwald und weiter in Richtung Straßlach bzw. Bad Tölz; an der ersten Einfahrt nach dem Ortsende von Grünwald links in die Einfahrt zum kostenfreien Waldparkplatz fahren. Bahn/Bus: Mit der S7 bis Höllriegelskreuth oder mit der Tram 25 bis zur Endhaltestelle Grünwald, dann jeweils weiter mit Bus 271 Richtung Ascholding, Ausstieg an der Haltestelle Grünwald Friedhof

Tourencharakter
Leichte Rundwanderung

Gehzeit
1.30 Std. für den Walderlebnispfad (Rundweg)

Öffnungszeiten
Ganzjährig Mo bis Fr 8–16.30 Uhr, Sa, So und Feiertag 11–16.30 Uhr; immer zugänglich sind das Wildschweingehege und der Erlebnispfad.

Information
Walderlebniszentrum Grünwald, Sauschütt, 82031 Grünwald, Tel. 089/649 20 99, www.walderlebniszentrum-gruenwald.de

Ein Spaziergang begeistert für gewöhnlich nicht alle Kinder. Wenn man dabei aber Wildschweine aus nächster Nähe sehen kann oder von einem Förster begleitet wird, wird die Waldtour zum Abenteuer.

Der Grünwalder Forst bietet Großstadtkindern Walderlebnisse vor der Haustür. Kern des Walderlebniszentrums ist der Ausstellungs-Pavillon von 1863, in dem man Lehrreiches über Waldtiere und Pilze erfährt. Kuriosestes Ausstellungsstück ist der Wolpertinger – ein Fabelwesen mit Entenschnabel und Vogelfedern. Am Pavillon gelegen ist eine idyllische Waldwiese mit Picknicktischen und Spielmöglichkeiten für die Kinder. Ein kleiner Ausschank bietet Getränke und frisch gebackene Waffeln an. Der ideale Platz also für Sonntagspicknicks mit Familie und Freunden.

Links und rechts der Wiese grenzen die Wildschweingehege an. Hier leben etwa 20 Tiere. Ihre Fütterung kann täglich um 16 Uhr am Wildschweinstadl beobachtet werden. Um die Wildschweingehege herum führt der 2,8 Kilometer lange und kinderwagengeeignete Walderlebnispfad. Um alle zwölf Stationen des Rundwegs – wie den Barfußpfad, die Weitsprung-Grube oder das Holz-Xylophon – zu erkunden, werden etwa 90 bis 120 Minuten benötigt. Abkürzungen sind möglich. An Sonn- und Feiertagen finden in den Sommermonaten kostenlose geführte Touren mit einem Förster statt.

Das Walderlebniszentrum ist auch ein toller Platz für einen schönen Kindergeburtstag im Freien. Für Kinder ab sechs Jahren werden verschiedene zweistündige Programme wie der Bau eines Vogelhauses, eine Schatzsuche oder die Forschertour angeboten.

Noch mehr … Wald Hatten Sie schon einmal die Herausforderung zu meistern, mit Ihren Kindern für die Schule einen bestimmten Baum bestimmen und beschreiben zu müssen? Fichte, Birke, Eiche … Spielerisch den Wald erkunden kann man

Viele Wildschweine gibt es am Walderlebniszentrum Grünwald.

auf dem **Walderlebnispfad** in **Freising** (www.walderlebnispfad-freising.de). Der Rundweg ist zwei Kilometer lang und vermittelt an verschiedenen Stationen am Wegrand Wissen über heimische Bäume und Sträucher. Start- und Endpunkt ist der Biergarten Plantage (www.plantage-freising.de), wo es auch einen großen Spielplatz gibt. Einen **Welt.Erlebnis.Wald** (www.lwf-bayern.de) gibt es in **Grafrath**, wo mehr als 200 fremdländische Baumarten wachsen. Wildschweine kann man sich auch in der Sauschütt im **Ebersberger Forst** (www.ebersberger-forst.de) ansehen. Der Walderlebnispfad ist ganzjährig geöffnet. Nebenan gibt es einen Waldbiergarten mit Spielplatz.

Hoch hinaus

Direkt am Walderlebniszentrum gelegen ist der Kletterwald München/Grünwald. Hier können Kinder ab acht Jahren klettern. Kindergeburtstage gehören auch zum Angebot.

13 Wasserspaß

Starnberger Wasserpark

Ausgangs-/Endpunkt
Wasserpark Starnberg

Anfahrt
Auto: Auf der A 95 München–Garmisch-Partenkirchen bis zum Autobahndreieck Starnberg und weiter auf der A 952 bis Starnberg. Bahn: Mit der S6 Richtung Tutzing bis Haltestelle Starnberg

Information
Wasserpark Starnberg, Strandbadstraße, 82319 Starnberg am Starnberger See, Tel. 08151/126 66, www.wasserpark-starnberg.de

Was gibt es im Sommer Schöneres, als an einen Badesee zu fahren? Schon allein die große Badetasche mit Handtüchern, Badesachen, Sonnenschutz, Getränken und natürlich Unmengen an Wasserspielzeug zu packen, macht Vorfreude auf den Badetag.

Steinchen ins Wasser werfen und die Enten beobachten, sich beim Eisessen klebrige Hände holen, auf dem Spielplatz austo-

ben und – am allerwichtigsten – stundenlang im Wasser spielen – im Wasserpark Starnberg kann man dies alles tun. Es gibt eine große Liegewiese mit einem kleinen Spielplatz und zwei Kinderbecken, einen direkten Seezugang und einen Kiosk. Die ganz Mutigen nutzen nicht nur das Kinderbecken, sondern stecken auch den großen Zeh in den See. Zum Wasserpark Starnberg gehört übrigens nicht nur das Freibad, sondern auch ein Hallenbad. Es ist wegen Bauarbeiten noch bis Herbst 2017 geschlossen, wird sich danach aber deutlich erweitert und mit mehr Wasserrutschen präsentieren.

Noch mehr … Badeseen Der **Karlsfelder See** im Münchner Norden hat zwei große Kinderspielplätze, einen Biergarten, Liegewiesen und einen Kiesstrand mit flachem Wassereinstieg.

Wer lieber in der Stadt bleiben möchte, findet hier eine große Zahl von Badeseen und Freibädern. Das **Prinzregentenbad** beispielsweise erreicht man bequem per U-Bahn oder mit dem Bus. Kinder lieben den Strömungskanal und die große Wasserrutsche. Für die ganz Kleinen gibt es ein flaches Wasserbecken mit Rutschelefant und Wasserpilzen sowie einen Spielplatz. Ganz ohne Chlor kommt das **Naturbad Maria Einsiedel** aus, durch das ein Isarkanal fließt. Es gibt ein Kinderbecken und einen Spielplatz.

Unser Feierabendtipp ist der **Feringasee**. Ein flacher Sandstrand bei der Wasserwacht ist für Kinder ideal zum Plantschen und Buddeln. Anschließend kann man im Biergarten Steckerlfisch essen und die Abendstimmung genießen.

Natürlich darf an allen ausgewiesenen Stellen im Starnberger See, wie hier bei Seeseiten, gebadet werden.

14 Hoch oben

Münchner Wald in Vaterstetten

Ausgangs-/Endpunkt
Münchner Wald, Vaterstetten

Anfahrt
Auf der A 99 bis Ausfahrt Haar, dann weiter auf der B 304 Richtung Wasserburg; links auf die Wasserburger Landstraße/B 304 abbiegen; nach 1,5 km wieder links abbiegen nach Vaterstetten auf die Möschenfelder Straße; der Straße folgen bis zum Ortsende Vaterstetten, am Kreisverkehr die dritte Ausfahrt nehmen und bis zum Parplatz am Kletterwald fahren

Alter
Geeignet für Kinder ab 3 Jahren

Öffnungszeiten
Im Sommer 13–19 Uhr, in den Sommerferien und an Sommerwochenenden auch schon vormittags geöffnet, im Winter und bei Unwettern geschlossen, bitte auf der Website informieren

Preise
Kinder ab 3 Jahren 11 €, Kinder ab 6 Jahren 17,50 €, Kinder ab 13 Jahren 20 €, Erwachsene 23 €, jeweils für 3 Std.

Information
Münchner Wald - Kletterwald Vaterstetten, Ottendichler Straße 1, 85591 Vaterstetten, Tel. 8071/103 51 50 (Büro), 08106/999 11 90 (Wald), www.muenchner-wald.de

Im Kletterwald können die Kinder Mut, Balance, Kraft und Geschicklichkeit trainieren. Während die Zeit nur so verfliegt, schweißt das gemeinsame Bewältigen von Herausforderungen die Familie zusammen.

Schon der kurze Weg vom Parkplatz zum Eingangsbereich des Münchner Walds mit den weichen Moospolstern unter den Füßen und der duftenden Waldluft in der Nase ist eine Einstimmung auf die kommenden Stunden unter und auf den Bäumen. Bevor es losgehen kann, sind ein paar Formalien zu beachten: Im Eingangsbereich ist ein Teilnahmezettel auszufüllen und an der Kasse abzugeben. Anschließend erhält man Helm und Gurt ausgehändigt und eine Einweisung durch einen Trainer. Im Münchner Wald können bereits Kinder ab drei Jahren mitklettern. Für sie gibt es vier Parcours in Bodennähe. Das Sicherungssystem, der Ropeglider, ist das Gleiche wie bei den Großen. Für Kinder ab sechs Jahren gibt es vier Parcours in etwas luftigerer Höhe, die zusammen mit einem Erwachsenen oder ab acht Jahren allein ausprobiert werden dürfen. Weitere Parcours dürfen ab acht Jahren bzw. ab zehn Jahren beklettert werden. Der schwierigste Parcours erfordert ein Mindestalter von 14 Jahren. Insgesamt sind es 13 Parcours. Trainer, die an ihren roten Shirts zu erkennen sind, halten sich ständig an den Parcours auf und greifen bei Problemen ein.
Der Eintrittspreis berechtigt zu einer Aufenthaltsdauer von drei Stunden. In der Zeit sind die vier Parcours, die für die Sechsjährigen zugelassen sind, gut zu schaffen. Wer Hunger bekommt, kann am Einlass kleine Snacks und Getränke kaufen und auf den Bierbänken im Eingangsbereich verzehren. Der Münchner Wald ist auch ein beliebtes Ziel für Kindergruppen oder Kindergeburtstage mit Klettern und Bogenschießen.
Drei Stunden im Münchner Wald reichen eigentlich aus, um die Kinder müde zu machen. Wer dennoch ein Programm für den restlichen Tag braucht, dem sei der Erlebnisbauern- und Reiter-

Kinder lieben Klettern und sind dabei oft mutiger als die Großen.

hof Reitsberger Hof (Tour 30), ebenfalls in Vaterstetten gelegen, empfohlen. Ein schönes Essen im Gasthof Landlust, ein Blick in den Kuhstall, Toben auf dem Spielplatz und Ponyreiten sind dort möglich. Ebenso gut kann der Besuch im Münchner Wald mit einem Besuch im Wildpark Poing (Tour 25) verbunden werden.

Noch mehr … Klettern Der Münchner Wald ist das zweite Projekt der Betreiber des **Kletterwalds in Prien am Chiemsee** (www.kletterwald-prien.de). Mit Blick auf den Chiemsee können dort 13 Parcours erklettert werden. Es gibt Angebote für Kinder ab vier Jahren.

Der **Hochseilgarten Ammersee** (www.hochseilgarten-ammersee.de) ist ein riesiges Piratenschiff und für Kinder ab sechs Jahren geeignet. Unweit davon befindet sich das Labyrinth Ex-Ornamentis (Tour 15) und der Biergarten Alte Villa Utting.

Ein Mindestalter von fünf Jahren und eine Körpergröße von 1,20 Meter sind Voraussetzung, um im **Kletterwald Garmisch** (www.kletterwald-gap.de) klettern zu können.

Wer Tiere und Klettern an einem Tag erleben will, kann dies im **Waldseilgarten Oberreith** (www.waldseilgarten-oberreith.de, für Kinder ab sechs Jahren) tun. Dieser befindet sich auf dem Gelände des Wildfreizeitparks Oberreith (Tour 27).

Eine weitere Möglichkeit ist der **Kletterwald München Grünwald** (www.kletterwald-muenchen.de), der für Kinder ab acht Jahren zugänglich ist. Ein Besuch dort kann gut mit dem benachbarten Walderlebniszentrum Grünwald (Tour 12) verbunden werden.

15 Irrgarten und Labyrinth

Ex-Ornamentis

Ausgangs-/Endpunkt
Freizeitgelände Fahrmannsbachstraße, Utting

Anfahrt
Auto: Auf der A 96 München–Lindau bis zur Ausfahrt Greifenberg und weiter Richtung Dießen; kurz vor dem Ortsschild Utting links abbiegen zum Freizeitgelände Utting, gleich nach der Unterführung liegt links das Ziel.
Bahn: Mit der S8 bis Herrsching und weiter mit dem Dampfer nach Utting, von dort Fußweg 10 Min.; oder mit dem Zug bis Bahnhof Utting, von dort 15 Min. Fußweg

Öffnungszeiten
Mitte Juli bis Mitte September, in den Sommerferien täglich 10–20 Uhr (außerhalb der Sommerferien öffnet das Labyrinth wochentags erst um 14 Uhr und schließt im September bereits um 18 Uhr)

Eintrittspreise
Kinder ab 6 Jahren 5 €, Erwachsene 6 €

Information
Ex-Ornamentis, Freizeitgelände Fahrmannsbachstraße, 86919 Utting, Tel. 08192/93 46 83, www.exornamentis.de

Verirren und Verwirren ist hier gewollt – Irrgärten haftet heute nichts Geheimnisvolles mehr an. Sie sind mit ihren Sackgassen, Kreuzungen und Abzweigungen, zwischen denen hindurch es ein Ziel und dann natürlich den Rückweg zu finden gilt, eine harmlose Gaudi für Kinder.

In der Nähe des Seeufers, im Freizeitgelände Utting, liegt das Labyrinth Ex-Ornamentis. Seit 1999 können hier große und kleine Besucher durch das Feld laufen, das beispielsweise aus Hanf und Sonnenblumen besteht. Ein kleiner Aussichtsturm ragt aus dem Feld hervor. Die Motive wechseln jedes Jahr, vom

In jedem Labyrinth werden andere Aufgaben bewältigt.

Sonnensystem über Asterix & Obelix, das Schloss Neuschwanstein bis hin zum Piratenschiff. Im Labyrinth kann man an einem Rollen-Suchspiel und einem Stempelsammelspiel teilnehmen. Zum Toben gibt es ein Strohstadion direkt am Eingang.

Kletterschiff

Das Labyrinth Ex-Ornamentis liegt in Fußnähe zum Kletterschiff Ammersee (www.hochseilgarten-ammersee.de), das für Kinder ab sechs Jahren geeignet ist. Im benachbarten Campingplatz befindet sich eine Minigolfanlage.

Noch mehr … Labyrinthe und Irrgärten Wer testen will, ob er mit der Rechten-Hand-Regel tatsächlich wieder herausfindet, kann das in den Sommermonaten auch noch im Heckenlabyrinth Unterweikertshofen oder in den verschiedenen Maislabyrinthen tun. In **Unterweikertshofen** öffnet ab Pfingsten immer sonntags das Heckenlabyrinth seine Pforten (www.heckenlabyrinth.de). In den **BeerenCafés** in **Johanneskirchen** und **Lochhausen** (www.hofreiter.de) gibt es von Mitte Juli bis Mitte September ein Maislabyrinth mit Quizfragen zu Tieren. Auch im **Forsthaus Kasten** (www.forst-kasten.de) in Garching kann im Juli und August ein Maislabyrinth erkundet werden.

Oben: Zum Labyrinth Ex-Ornamentis können wir auch mit dem historischen Schaufelraddampfer über den Ammersee fahren.

16 Biergärten

Biergärten mit Spielplätzen in München und Umgebung

Information
Eine kurze Beschreibung dieser und weiterer Münchner Biergärten finden Sie unter www.muenchen.de/essen-trinken/gaststaetten-bier-gaerten.html.

Es soll Kinder geben, die beim Essen im Restaurant einfach still am Tisch sitzen bleiben. Für alle Eltern, die das wie wir nur für ein Gerücht halten, sind im Sommer Biergärten mit Spielplätzen eine unkomplizierte Lösung.

Im Englischen Garten gibt es gleich mehrere solcher Biergärten. Am **Aumeister** (www.aumeister.de), ganz im Norden gelegen,

Der Hirschgarten ist bei Familien ebenfalls sehr beliebt.

befindet sich ein kleinerer eingezäunter Spielpatz am Restaurant. Der Selbstbedienungsbereich des Biergartens reicht unmittelbar bis zum Spielplatz. Man kann also entspannt essen und verliert seine Kinder beim Schaukeln, Wippen und Klettern nicht aus den Augen. Der Biergarten am **Chinesischen Turm** (www.chinaturm.de) hat nicht nur einen kleinen Spielplatz mit getrennten Klettermöglichkeiten für kleinere und größere Kinder, sondern kann sogar mit einem historischen Karussell punkten. Einen großen Abenteuerspielplatz bietet der **Biergarten Hirschau** (www.hirschau-muenchen.de), der mitten im Englischen Garten in der Nähe des Isarrings gelegen ist. Alle drei Biergärten sind mit dem Auto anfahrbar, bieten sich aber wegen ihrer schönen Lage vor allem als Ziel eines Radlausflugs an.

Der Biergarten am Chinesischen Turm im Englischen Garten ist einer der berühmtesten Biergärten Münchens.

Wer einen Biergarten mit Spielplatz inmitten der Stadt sucht, kann den **Augustiner Keller** (www.augustinerkeller.de) oder das **Hofbräuhaus am Wiener Platz** (www.hofbraeukeller.de) ansteuern. Beide haben einen Spielplatz in ihren Biergärten, der vom Sitzbereich aus unmittelbar einsehbar ist.

Biergarten und Spielplatz lassen sich auch gut im **Hirschgarten** (www.hirschgarten.de) oder an der **Emmeramsmühle** (www.emmeramsmuehle.de) kombinieren. Hier befinden sich die Spielplätze zwar in der Nähe, jedoch nicht in Sichtweite. Die Emmeramsmühle bietet fertig gepackte Picknickwagen an, die man mit zum Spielplatz oder an eine schöne Stelle an der Isar nehmen und dort genießen kann.

Auch im Münchner Umland ist das Angebot groß: Das **Forsthaus Kasten** (www.forst-kasten.de) im Forst Kasten/Gauting trumpft mit einem Freizeitpark auf. Minigolf, Streichelzoo, Hüpfburgen, Spielplatz und im Juli/August sogar ein Maislabyrinth werden hier geboten. Der Biergarten **Plantage** (www.plantage-freising.de) im Freisinger Forst ist auch Münchnern ein Begriff. Der Ausflug dorthin lohnt sich nicht nur wegen des schönen Biergartens, sondern auch wegen des großen Abenteuerspielplatzes und des Walderlebnispfads, der direkt am Biergarten beginnt. Im Münchner Süden ist die **Kugler Alm** (www.kugleralm.de) ein beliebtes Ausflugsziel. Neben einem großen Spielplatz wird hier immer sonntags im Sommer Ponyreiten angeboten.

17 Spielplätze

Hirschgarten, Westpark und mehr

Information
Alle Spielplätze finden Sie unter www.muenchen.de/freizeit/spielplaetze.html oder www.spielplatztreff.de.

Kinder brauchen Bewegung an der frischen Luft, das ist klar. Am schönsten und unterhaltsamsten ist es für sie, wenn sie auf einem der zahlreichen fantasievollen Spielplätze toben können, die es in München gibt.

Spielplätze kann es nie genug geben!

Der **Hirschgarten** zwischen Laim und Nymphenburg ist nicht zu Unrecht ein beliebtes Ausflugsziel für Münchner Familien. Hier kann man nicht nur Rehe und Hirsche im Wildgehege sehen, sich auf den Wiesen sonnen und Ball spielen, sondern auch die Spielplätze erkunden. Im Sommer lockt ein kleiner Wasserspielplatz. Aus den Klettergerüsten schießen in regelmä-

ßigen Abständen Wasserfontänen, vor allem die Wasserrutsche hat es den Kindern angetan. Badekleidung ist hier zu empfehlen. Dann gibt es noch einen weiteren Spielplatz mit Elefantenrutsche, Kletterturm und Hängebrücke.

Der **Westpark** ist mit insgesamt sechs Spielplätzen ausgestattet. Im Ostteil des Parks befindet sich ein Wasserspielplatz mit künstlichen Bachläufen und einem großen Rutschenturm. Im Westen des Parks liegt der Rutschenspielplatz mit 3 langen geschwungenen Rutschen. Rundherum gibt es weitere kleinere Spielflächen mit Schaukeln und Spielhäusern.

Im **Englischen Garten** befindet sich direkt neben dem Biergarten am Chinesischen Turm ein kleiner Spielplatz zum Klettern sowie das historische Karussell.

Oft genannt als einer der schönsten Spielplätze wird der Spielplatz am **Georg-Freundorfer-Platz** im Münchner Westend. Sein Markenzeichen sind die vielen Baumstämme, die in den Himmel ragen und zwischen denen sich die ebenfalls aus Holz gefertigten Klettermöglichkeiten befinden.

Links und Rechts: Am ehemaligen Buga-Gelände bei Riem findet sich ein weiterer toller Spielplatz.

18 Minigolf, Bauerngolf und Swingolf

Bauerngolf Samerberg

Ausgangs-/Endpunkt
Bauerngolf Samerberg

Anfahrt
Auf der A 8 München–Salzburg bis Ausfahrt Achenmühle, dann links weiter Richtung Samerberg

Alter
Geeignet für Kinder ab 4 Jahren

Einkehr
Eine Einkehrmöglichkeit besteht in den zwei benachbarten Gasthöfen Maurer und Alpenrose.

Öffnungszeiten
Während der Saison 11–20 Uhr, Di Ruhetag

Preise
Kinder 3,50 €, Erwachsene 5 €

Information
Bauerngolf Samerberg, Kirchplatz 5, 83122 Samerberg, Tel. 08032/83 20, www.bauerngolf-samerberg.de

Minigolf ist ein Vergnügen an frischer Luft für Kinder und Erwachsene gleichermaßen. Es erfordert eine gute Auge-Hand-Kombination, um die kleinen Bälle durch die raffinierten Hindernisse ins Loch zu spielen. Das gelingt Kindern ab etwa dem Vorschulalter.

Eine spaßige Alternative zum klassischen Golfspiel sind Bauerngolf und Swingolf, wo mit einem Universalschläger (beim Bauerngolf ist dies ein am Stock befestigter Holzschuh) ein Ball ins Loch befördert werden muss. Mit Kindern ab etwa vier Jahren können Sie Bauerngolf spielen. Beim Bauerngolf Samerberg drehen Sie Ihre Runde über eine Weide und schlagen einen Ball in den Eimer. Eine Spielrunde dauert bis zu zwei Stunden. Bei schlechtem Wetter kann im ehemaligen Kuhstall ein Spiele-Parcours namens Stall-Gaudi ausprobiert werden.
Nicht weit weg vom Bauerngolfplatz befindet sich die Hochriesbahn. Von der Talstation bis zur Mittelstation führt ein Einer-Sessellift, von dort aus bis zur Bergstation fährt die Gondelbahn. Die Mittelstation lässt sich auch in 30 Minuten erwandern. Dort befindet sich der im Sommerhalbjahr geöffnete Bikepark Samerberg, dessen Hauptstrecke auch von Kindern befahren werden kann. Leihräder stehen zur Verfügung. Einkehrmöglichkeiten an der Mittelstation sind die Kräuterhexe und die Käseralm, die einen schönen Naturspielplatz bietet.

Noch mehr … Ballspaß Auf Minigolf-Fans wartet sowohl im **Olympiapark** als auch bei **Minigolf München-West** eine 18-Loch-Anlage. Die Betonbahnen sind jeweils in einer schönen Gartenanlage eingebettet. In beiden Anlagen wird zudem Hindernis-Billard angeboten, auch Skiddl oder Pit-Pat genannt. Bei schlechtem Wetter oder im Winter kann im **Dream-Bowl-Palace** in Unterföhring

Rechte Seite: Golfen ohne Etikette und Handicap kann man beim Bauerngolf Samerberg.

Indoor-Minigolf auf 18 illuminierten Bahnen gespielt werden. Einen vollständigen Überblick über alle Minigolfanlagen in München gibt es unter www.muenchen.de/freizeit/minigolf.
Dem klassischen Golfspiel am nächsten, jedoch ohne strenge Etikette, kommt wahrscheinlich Swingolf. Das können Sie auf dem **Angerhof in Alling** (www.swingolf-angerhof.de) ausprobieren. Es gilt, auf 18 Bahnen den Ball mit so wenig Schlägen wie möglich ins Loch zu spielen. Schläger und Bälle werden vor Ort ausgeliehen. Hier können nach Voranmeldung auch Kindergeburtstagsfeiern stattfinden.

Kühles Nass

Kostenlosen Wasserspaß bietet das Naturbad Samerberger Filze (www.samerberg.de) in der Gemeinde Samerberg.

19 Indoorspielplatz

Jux & Tollerei

Ausgangs-/Endpunkt
Jux und Tollerei, Parsdorf

Anfahrt
Auf der A 94 bis Ausfahrt Parsdorf und weiter Richtung Parsdorf bis zum Gewerbegebiet fahren

Öffnungszeiten
Mi bis Fr 14–19 Uhr, Sa, So 10–19 Uhr

Preise
Kinder ab 1 Jahr 6,50 €,
Kinder ab 3 Jahren 10,50 €,
Erwachsene: 6,50 €

Information
Jux und Tollerei, Posthalterring 7, 85599 Parsdorf,
Tel. 089/992 75 89 29,
www.juxundtollerei.com

Was machen, wenn es in Strömen regnet oder kalt ist, aber die Kinder dringend Bewegung brauchen? Ein Indoorspielplatz zum Austoben ist da die erste Wahl. München bietet glücklicherweise gleich mehrere davon.

Das Jux & Tollerei in Parsdorf, in der Nähe des Möbelhauses Segmüller, wird denen sicher bekannt sein, die im Münchner Osten wohnen. Kostenfreie Parkplätze sind reichlich vorhanden, können an Regensonntagen allerdings schon mal knapp werden. Der Indoorspielplatz befindet sich in einer 2500 Quadratmeter großen ehemaligen Lagerhalle. Wer hinein will, muss zunächst in der Garderobe Jacken, aber vor allem Schuhe ablegen; Stoppersocken sind empfehlenswert. Dann gibt es für die Kinder meist kein Halten mehr. Unübersehbar ist der Klettervulkan, der am besten barfuß beklettert wird und von dem man so schön wieder herunterrutschen kann. Prima hüpfen lässt es sich auf den Trampolinen und den verschiedenen Hüpfburgen, besonders beliebt ist die Maus, die all diejenigen Kinder »verschluckt«, die mutig in ihr Maul geklettert waren. Gegen den Einwurf von Chips, die an der Kasse erworben werden können, kann man ein paar Runden auf der Kartbahn drehen.

Das Highlight des Indoorspielplatzes aber ist der Kletterturm, eine riesige Softplayanlage, auf der die Kinder geschützt durch Netze über mehrere Etagen klettern und toben können, was das Zeug hält. Hinunter kommen sie über die große blaue Wellenrutsche oder die beiden gelben Dropslide-Rutschen, die allerdings erst für (mutige) Kinder ab sechs Jahren zugelassen sind und aus Sicherheitsgründen nur mit langen Hosen und Socken benutzt werden sollten. In der Softplayanlage integriert ist ein kleiner Indoorfußballplatz, eine Soft-Shooting-Anlage und eine Kletterwand. Für Kleinkinder gibt es einen extra Bereich mit Bällebad und Miniklettergerüst. Wer vom vielen Toben hungrig und durstig geworden ist, kann sich im Gastronomiebereich mit Pommes, Pizza & Co. stärken. Beliebt ist das Jux & Tollerei auch für

Kindergeburtstage. Hier kann ein Geburtstagstisch reserviert und Essen vorbestellt werden.

Mit viel Spaß powern sich die Kids an den Klettertürmen der Indoorspielplätze aus.

Noch mehr … Indoorspielplätze Eine der ersten dieser Anlagen in München war das **Coco Loco** (www.cocoloco-gruenwald.de) in Grünwald. Die neuesten Indoorspielplätze sind das **Spielstadl** im BergTierPark Blindham (Tour 24) sowie das **WichtelWerk** (www.daswichtelwerk.de) in München-Freiham. Wer im Münchner Norden wohnt, kennt sicher das 4000 Quadratmeter große **Erdino** (www.erdino.de) in Erding oder **Jimmys Funpark** in Dasing (www.jimmys-funpark.de), wo man sogar Wasserscooter fahren kann. Bei schönem Wetter eingeschränkte Öffnungszeiten haben das **Krokodo** in Bad Aibling (www.krokodo.de) und das **Peppino** in Forstern (www.kinderland-forstern.de). Speziell für Kinder bis drei Jahre und nur im Winter geöffnet sind die Indoorspielplätze **KIM** in Moosach (www.kim-muenchen.info) und der **Winterspielplatz** im Glockenbachviertel (www.winterspielplatz-muenchen.de), der Eintritt ist hier frei.
Neu seit Sommer 2016 und für Kinder ab fünf Jahren geeignet ist der **Trampolinpark Airhop** im Münchner Norden (www.airhop-park.de).

20 Klettern & Bouldern

Boulderwelt München

Ausgangs-/Endpunkt
Boulderwelt München Ost oder Boulderwelt München West

Anfahrt
Zur Boulderwelt München Ost mit der S-Bahn oder der U5 bis Haltestelle Ostbahnhof, dann in wenigen Minuten zu Fuß Richtung Kultfabrik (Kunstpark Ost) zur Friedenstraße; zur Boulderwelt München West mit der S8 Richtung Herrsching bis Haltestelle Neuaubing und zu Fuß in wenigen Minuten in die Bertha-Kipfmüller-Straße

Öffnungszeiten
Boulderwelt München Ost Mo bis Fr 7–23 Uhr, Sa, So, Feiertage 8–23 Uhr; Boulderwelt München West Mo bis Fr 10–23 Uhr, , Sa, So, Feiertage 8–23 Uhr

Preise
Boulderwelt München Ost: Kinder bis 3 Jahre 3 €, Kinder 4–13 Jahre 8,80 €, Erwachsene 11,80 €; Boulderwelt München West: Kinder bis 3 Jahre 3 €, Kinder 4–13 Jahre 6,90 €, Erwachsene 9,90 €

Information
Boulderwelt München Ost, Friedenstraße 22a, 81671 München, Tel. 089/ 41 85 99 70, www.boulderwelt-muenchen-ost.de; Boulderwelt München West, Bertha-Kipfmüller-Str. 19, 81249 München, Tel. 089/ 82 07 34 99, www.boulderwelt-muenchen-west.de

Eine Alternative zu Indoorspielplätzen sind die Kinderbereiche in den Münchner Boulderhallen. Beim Bouldern, das anders als das Klettern in niedrigen Höhen stattfindet, trainieren die Kinder Kraft, Koordination und Konzentration.

Die Boulderwelt München Ost befindet sich in der Nähe des Ostbahnhofs. Kinder dürfen hier in einem eigenen Kinderbereich mit Piratenschiff und Märchenturm, Rutsche und dicken Matten

klettern. Kletterschuhe auch in Kindergrößen können am Empfang ausgeliehen werden. Für Kinder ab sechs Jahren werden regelmäßige Trainings und Geburtstagsfeiern angeboten.
Auch die Boulderwelt München West hat einen eigenen Kinderbereich mit U-Boot, Hängebrücke, Rutsche und Tunnel. Hier können Familien mit Kindern zwischen drei und sechs Jahren bzw. sieben und zehn Jahren einen zweistündigen Familien-Workshop buchen.

Noch mehr ... Bouldern Die **DAV-Kletter- und Boulderzentren** München-Süd, München-Freimann und Gilching bieten für Kinder ab drei Jahren einen eigenen Kletterbereich mit Piratenschiff, Ritterburg und dicken Matten an (www.kbthalkirchen.de; www.kbgilching.de).
Eine Kinderkletterwand gibt es auch in der **Globetrotter**-Filiale am **Isartor**.

Linke Seite: Bouldern kann man auch ganz ohne Kletterkenntnisse.

Unten: ... und das Tolle dabei ist, es geht ganz ohne Seil und Haken.

21 Schlittenfahren

Obere Firstalm

Ausgangs-/Endpunkt
Parkplatz am Spitzingsattel

Anfahrt
Auto: Auf der A 8 München–Salzburg (A8) bis zur Ausfahrt Weyarn, dann über Miesbach und Schliersee Richtung Spitzingsattel zum gebührenpflichtigen Parkplatz: Bahn/Bus: Mit der BOB bis Fischhaus-Neuhaus und weiter mit Bus 9562 bis Haltestelle Spitzingsattel

Gehzeit
Aufstieg vom Parkplatz bis zur Oberen Firstalm 50 Min., Abfahrt 10 Min.

Einkehr
Berggasthof Obere Firstalm

Information
Obere Firstalm, 83727 Spitzingsee, Tel. 08026/73 02, www.firstalm.de

Gefühlt gibt es in den letzten Jahren immer weniger Schnee in der Stadt. Wenn dann doch mal welcher fällt: nichts wie raus zum Schlittenfahren und Schneemannbauen.

Eine kindertaugliche Rodelstrecke, nicht zu steil und mit wenigen Kurven, ist der Weg vom Spitzingsattel zur Oberen Firstalm. Vor dem Rodelvergnügen steht allerdings ein etwa dreiviertelstündiger Aufstieg über die geräumte Forststraße, wo einem schon die Rodler von oben entgegenkommen. Vor allem kleinere Kinder lassen sich gern von den Eltern auf dem Schlitten hinaufziehen. Am Ziel kann man sich im Berggasthof Obere Firstalm stärken. Für die Kinder gibt es ein Spielzimmer. Dort kann auch ein Schlitten für vier Euro ausgeliehen werden. Wieder hinunter geht es auf dem gleichen Weg mit dem Schlitten. Nachts ist die Strecke sogar beleuchtet.

Wenn richtig viel Schnee liegt, kann man zum Glück fast jeden Hang zur Rodelpiste erklären.

Eine Alternative zur Oberen Firstalm ist die Rodelstrecke von der Unteren Firstalm. Die Rodelstrecke ist mit eineinhalb Kilometern etwas kürzer als von der Oberen Firstalm. Die Untere Firstalm ist bewirtschaftet, hier kann ein Schlitten ausgeliehen werden. Aufstieg und Abfahrt erfolgen auf der gleichen Strecke.

Noch mehr … Rodelhügel In der Stadt eignet sich letztendlich jeder Hang für Kinder zum Rodeln, der nicht unmittelbar an eine Straße grenzt. So hat sicher jeder in seiner Nachbarschaft einen Geheimtipp für einen schönen Rodelhang im nächsten Park. Besonders beliebt sind der Rodelhügel im Osten des **Riemer Parks**, der **Olympiaberg**, die Hänge im **Westpark** sowie unterhalb des Maximilianeums in den **Maximiliananlagen**, der Bavaria auf der **Theresienwiese** und des Monopteros im **Englischen Garten**. Alle Rodelhänge in der Stadt im Überblick findet man unter www. muenchen.de/freizeit/schlittenfahren-rodeln.html.

22 Eislaufen

Prinzregentenbad

Ausgangs-/Endpunkt
Prinzregentenstadion

Anfahrt
Mit der U4 zur Haltestelle Prinzregentenplatz

Öffnungszeiten
Während der Wintersaison Di und Mi 9.30–16 Uhr, Fr bis So und Feiertag 9.30–21.30 Uhr

Preise
Kinder ab 6 Jahren 4 €, Erwachsene 5,40 €

Einkehr
Restaurant Aquamarin

Information
Prinzregentenstadion, Prinzregentenstraße 80, 81675 München, Tel. 089/23 61 50 50, www.swm.de/privatkunden/m-baeder/eislaufen.html

Zu einem echten Wintervergnügen gehören nicht nur Schneemannbauen, Skifahren und Rodeln, sondern auch Schlittschuhlaufen. Das ist ein Spaß für Groß und Klein und damit ein echtes Familienerlebnis.

Zum Glück gibt es in München mehrere Kunsteisbahnen, sodass keine Einbruchgefahr besteht. Es empfiehlt sich aber, einen Helm und Handschuhe zu tragen. Das Prinzregentenstadion im Münchner Stadtteil Bogenhausen kennt man im Sommer als Freibad mit großer Liegewiese, Wasserrutsche, Spielplatz und Kleinkindbecken. Dort, wo an heißen Tagen die Liegestühle auf weißem Sandstrand stehen, ist im Winter die künstliche Eislauffläche. Hier kann man bei Musik und Beleuchtung beschwingt seine Runden drehen. Für Kinder stehen Eisgleiter-Pinguine zur Verfügung, die Halt bieten bei den ersten Eislaufversuchen. Schlittschuhe für Kinder und Erwachsene können vor Ort gegen eine Gebühr von fünf Euro ausgeliehen werden. Die Eisfläche wird mehrmals am Tag gepflegt. Bei der hierdurch also erzwungenen halbstündigen Laufpause kommt bei den Kindern meist keine Langeweile auf, denn das Eisaufbereitungsfahrzeug ist viel zu spannend zu beobachten. Wer nicht Schlittschuhlaufen kann oder will, kann auf der Zuschauertreppe Platz nehmen. Nach dem Schlittschuhlaufen kann man noch in der Sauna entspannen.

Mitten in München am Karlsplatz gibt es in der Weihnachtszeit eine Eislauffläche. Der Münchner Eiszauber begeistert vor allem in der Dämmerung.

Noch mehr … Schlittschuhlaufen Während die meisten Eislaufmöglichkeiten nur für die Wintersaison bestehen, kann fast ganzjährig in der **Olympia-Eissporthalle** gefahren werden. Es besteht eine Leihmöglichkeit für Schlittschuhe. Wer unter freiem Himmel Eislaufen möchte, kann dies von Mitte Oktober bis Mitte März in den **Eis- und Funsportzentren Ost** und **West** tun. Nicht nur bei Schlittschuhfahrern, sondern auch bei Freunden des Eisstockschießens beliebt ist der **Nymphenburger Schlosskanal**, der bis 22 Uhr beleuchtet wird.
Auch in der Münchner Umgebung gibt es zahlreiche Eislaufmöglichkeiten, etwa in Erding, Dorfen, Dachau und Grünwald. An der 1400 Quadratmeter großen Eislauffläche im Freizeitpark in Grünwald können Schlittschuhe und Eishockeyschläger ausgeliehen werden (www.muenchen.de/freizeit/eislaufstadien).

Wenn es länger richtig kalt ist, dann frieren sogar die großen Seen zu. Für ein unbeschwertes Eislaufvergnügen müssen wir aber unbedingt die Angaben der jeweiligen Gemeinden beachten.

23 Erlebnisbäder

Therme Erding

Ausgangs-/Endpunkt
Therme Erding

Anfahrt
Auto: Über die A 9 bis Ausfahrt Garching Süd und weiter über Ismaning auf der B 388 nach Erding; die Therme Erding ist ausgeschildert, es gibt einen großen, kostenlosen Parkplatz. Bahn/Bus: Mit der S2 nach Altenerding, von dort 800 m Fußweg oder Weiterfahrt mit den Bussen 550, 560 und 570.

Öffnungszeiten
Täglich 10–23 Uhr, am Wochenende und in den Ferien bereits ab 9 Uhr geöffnet

Preise
2 Std. 17 € pro Person, 4 Std. 23 €, ganzer Tag 31 €, Kinder bis 3 Jahre frei, Wochenend- und Feiertagszuschlag 4 € pro Person; es gibt ein kombiniertes MVV-Themenwelt-Ticket zum Preis von 32 €, das die Hin- und Rückfahrt mit dem MVV sowie den vierstündigen Aufenthalt in Therme, Rutschenparadies und Wellenbad beinhaltet.

Einkehr
Diverse Cafés, Bars und Restaurants im Bad

Information
Therme Erding, Thermenallee 1–5, 85435 Erding, Tel. 08122/550-0, www.therme-erding.de

Die Therme Erding ist wohl der Inbegriff eines Erlebnisbads. Für Kinder unter 16 Jahren sind die Therme, das Wellenbecken und das Rutschenparadies zugängig.

Die Therme lockt mit 34 Grad warmem Wasser, Strömungskanal und Sprudelliegen. Wellen in verschiedenen Stärken gibt es im Wellenbecken. Im neuen Wellenbad befindet sich auch ein Kleinkindbecken. Den größten Spaß aber dürften die Kinder bei den Wasserrutschen haben. Die Benutzung ist altersabhängig, fünf Rutschen sind für Kinder unter sechs Jahren geeignet. Essen und Getränke kann man in der Therme Erding in den verschiedenen Cafés, Bars und Restaurants kaufen. Bargeld braucht man dafür zunächst nicht. Bezahlt wird mittels eines Chips, abgerechnet wird dann später an der Ausgangskasse.

Noch mehr … Schwimmbäder

Wellenspaß wird es nach der Sanierung bald wieder im **Cosimawellenbad** geben. Das Schwimmerbecken mit sanftem Einstieg verwandelt sich alle halbe Stunde in eine Meeresbrandung. Für kleine Kinder gibt es ein Kinderbecken. Im **Westbad** gibt es neben einem Sportbecken ein Erlebnisbecken mit Strömungskanal und Whirlpools. Im Außenbereich kann man ganzjährig in einem warmen Solebecken entspannen.
Alle Erlebnisbäder im Überblick unter www.muenchen.de/freizeit/mbaeder/therme-erlebnisbad.

Die Therme Erding mit
dem Rutschenparadies Galaxy
ist der ultimative Badespaß
(auch linke Seite).

So mancher Bewohner des Berg TierParks Blindham lässt sich gerne füttern und streicheln.

Natur & Tiere

Erlebnisse für kleine Entdecker

24 Spielspaß drinnen und draußen

Der BergTierPark Blindham in Aying

Ausgangs-/Endpunkt
BergTierPark Blindham bei Aying

Anfahrt
Auf der A 8 München–Salzburg bis Ausfahrt Hofoldinger Forst und weiter Richtung Aying; vor Aying rechts auf die St 2078 Richtung Rosenheim; nach ca. 6 km links nach Blindham abfahren

Gehzeit
30 Min. für den 2,2 km langen Rundweg

Öffnungszeiten
Im Sommer täglich 9–20 Uhr, im Winter 10–18 Uhr; Einlassschluss jeweils 2 Std. vorher

Preise
Kinder bis 13 Jahre 6 €, Erwachsene 7 €

Information
BergTierPark Blindham, Blindham 3, 85653 Aying, Tel. 08063/207638, www.bergtierpark.de

Ausflüge, bei denen sowohl Tiere als auch Toben geboten werden, sind für Kinder oft am schönsten. Der BergTierPark Blindham in Aying mit seinem Streichelgehege, dem großen Spielplatz und dem neuen SpielStadl ist so ein Ausflugsziel.

Obwohl die Anfahrt mit dem Auto aus München oder Rosenheim nur etwa eine halbe Stunde beträgt, wähnt man sich angesichts des schönen Bergpanoramas schon fast in den Alpen. Und tatsächlich muss zunächst eine kleine Anhöhe vom Parkplatz bis zum Eingang bewältigt werden, was aber auch mit Kinderwagen problemlos zu schaffen ist. Lange Schlangen am Einlass oder Parkplatzprobleme sind dort übrigens – auch an Feiertagen oder Ferienwochenenden – meist nicht zu befürchten.
Der BergTierPark beherbergt Haustiere und heimische Wildtiere. Tierbegeisterte Kinder können im Streichelgehege Schafe und Ziegen füttern oder versuchen, auf dem Rundweg durch den Wald die frei laufenden scheuen Mufflons und Rehe mit dem Futter anzulocken, das an der Eingangskasse erhältlich ist. Im Frühjahr gibt es Tiernachwuchs zu bewundern.
Besonders schön ist der große Spielplatz mit Hüpfburgen, Klettergerüsten, Schaukeln und Rutschen. Die etwas Mutigeren kön-

Der Bauernhof Blindham liegt auf einem Hügel.

nen sich an der Riesenschaukel, an der Seilbahn und – das Highlight – am Bungee-Trampolin versuchen. Für die Kleineren gibt es einen überdachten Sandspielkasten und Minitrampolins.

Für größere Kinder gibt es ein Bungee-Trampolin.

Wer vom vielen Toben müde geworden ist, kann sich im Biergarten mit Brezn, Würstchen, Kuchen und Getränken stärken. Selbst mitgebrachtes Essen kann auf den Picknickplätzen rund um den Spielplatz verzehrt werden. Im Wald gibt es sogar eine Grillmöglichkeit. Wer im BergTierPark seinen Geburtstag feiern will, kann im Park-Café einen Geburtstagskuchen bestellen. Der BergTierPark ist auch eine Alternative bei schlechtem Wetter. Ende 2015 eröffnete das SpielStadl – eine wunderschön ausgebaute große Spielscheune auf drei Ebenen, wobei die unterste den Kleinkindern vorbehalten und im Winter beheizt ist. Die Größeren können sich auf Rutschen und Hängebrücken, im Bällebad und beim Softball-Shooting vergnügen. Mit Straßenschuhen darf das SpielStadl übrigens nicht betreten werden, es empfiehlt sich für Groß und Klein, Stoppersocken oder Hallenturnschuhe mitzunehmen.

Mein Winter-Tipp

Ab Mitte November kann man im BergTierPark seinen Christbaum selbst schlagen und sich anschließend im GlühWeinStadl wieder aufwärmen.

25 Zahme Rehe und freche Hühner

Wildpark Poing im Münchner Osten

Ausgangs-/Endpunkt
Wildpark Poing

Anfahrt
Auf der A 99 bis zum Autobahnkreuz München Ost, dann auf die A 94 Richtung Passau wechseln bis zur ersten Ausfahrt Parsdorf/Poing; weiter Richtung Poing fahren, in Poing ist der Weg zum Wildpark ausgeschildert.

Tourencharakter
Einfacher Rundweg, kinderwagengeeignet

Gehzeit
1 Std.

Öffnungszeiten
Im Sommer täglich 9–17 Uhr, im Winter 9–16 Uhr

Preise
Kinder 3–14 Jahre 5 €, Erwachsene 8,50 €

Information
Wildpark Poing, Osterfeldweg 20, 85586 Poing, Tel. 08121/806 17, www.wildpark-poing.de

Frei laufende Rehe, eine sonnige Picknickwiese und ein riesiger Spielplatz machen den Wildpark Poing zu einem beliebten Ausflugsziel der Münchner. Wer Rehe und Bergziegen mit Futter anlocken will, muss früh kommen. Sonst haben andere Besucher die Tiere längst satt gefüttert.

Den Wildpark Poing erreicht man am besten mit dem Auto. Parkplätze sind immer genug entlang der Anfahrtsstraße oder auf der großen Wiese zu finden. Von der Masse der ankommenden Autos darf man sich nicht verschrecken lassen: Meistens verlaufen sich die Besucher im Park.

Das erste Wegstück führt am Rehgehege vorbei und durch den Wald, wo Rehe und Bergziegen frei herumlaufen und den Besuchern ganz nah kommen. Hier heißt es für uns Eltern nicht ungeduldig werden, denn die Kinder können sich mit dem Füttern und Beobachten der Tiere stundenlang befassen. Tierfutter gibt es an der Kasse zu kaufen.

Hat man dann noch die Entenwiese passiert, ist nach etwa 20 Minuten die große sonnige Picknickwiese erreicht, auf der auch bei größtem Andrang immer noch eine freie Bank zu finden ist. Hier kann man selbst mitgebrachtes Essen verzehren oder am Kiosk Würstchen, Pizza, Eis und Getränke ordern. Ab und an verlangt eines der frei laufenden Hühner, die sich gern unter die Gäste mischen, ein Stück vom Picknickbrot.

Für Kinder jeden Alters lässt der weitläufige Spielplatz keine Wünsche offen. Ob Rutschen, Schaukeln, Klettergerüst oder Seilbahn, alles ist möglich. Im Sommer besonders beliebt ist der Wasserspielplatz (Achtung: Wechselkleidung einpacken!). Für Abenteurer gibt es ein wenig versteckt am Rande des Spielplatzes ein großes Westernfort und Indianertipis.

Gleich in der Nähe der Picknickwiese ist die Arena für die Greifvogelshow, die zwischen Oster- und Herbstferien täglich außer freitags stattfindet und nichts extra kostet. Der Falkner lässt die Adler, Falken und Eulen dabei dicht über die Köpfe der

Im Herbst lieben die Rehe frische Kastanien.

Zuschauer fliegen. Wer mag, kann von hier einen Abstecher zum Bärengehege machen und die vier Braunbären beobachten. Von der Picknickwiese aus kann der Rundgang fortgesetzt werden (Gehzeit: 40 Minuten). Hier gibt es noch süße Minischweinchen, Luchse, Schneeeulen und Kolkraben zu entdecken.

Noch mehr ... Wildparks Im **Forstenrieder Park** leben Rehe, Hirsche und Wildschweine. In den Wintermonaten finden Schaufütterungen statt. Der Eintritt ist kostenlos.

26 Von A wie Affe bis Z wie Zebra

Der Münchner Tierpark Hellabrunn

Ausgangs-/Endpunkt
Tierpark Hellabrunn

Anfahrt
Auto: Der Tierpark liegt im Ortsteil Thalkirchen im Münchner Süden, der Weg dorthin ist ausgeschildert; zwei große Parkplätze stehen an den beiden Eingängen zur Verfügung.
Bahn: Mit der U3 bis Haltestelle Thalkirchen, dann 5 Min. zu Fuß bis zum Isareingang.

Öffnungszeiten
Im Sommer 9–18 Uhr, im Winter bis 17 Uhr

Preise
Kinder ab 4 Jahren 5 €, Erwachsene 14 €

Information
Münchener Tierpark Hellabrunn, Tierparkstr. 30, 81543 München, Tel. 089/625 08-0, www.hellabrunn.de

Der 1911 gegründete Tierpark Hellabrunn ist wohl eines der bekanntesten und beliebtesten Ausflugsziele für Münchner Familien. Und das nicht etwa erst, als die Ende 2013 geborenen Eisbärzwillinge Nobby und Nela zu Besuchermagneten wurden.

Wer mit dem Auto kommt, hat die Wahl zwischen den Parkplätzen am Flamingo- und am Isareingang. Allerdings werden die Parkplätze am Wochenende schnell knapp. Die beliebteste Zeit für den Zoobesuch ist am Wochenende zwischen 11 und 15 Uhr. Wer noch einen Parkplatz finden möchte und am Einlass nicht lange anstehen will, der sollte schon am frühen Vormittag da sein. Die Lage an den Isarauen macht den Tierpark auch zu einem geeigneten Ziel eines Radlausflugs entlang der Isar. Für U-Bahnnutzer ist der Isareingang der nächstgelegene.
Zur Eintrittskarte erhält man immer auch einen Zooplan zur besseren Orientierung. Die 750 Tierarten leben in Gehegen, die nach den Erdteilen angeordnet sind. Beliebte erste Station nach dem Einlass ist für viele Kinder der Zooshop, der an beiden Eingängen zu finden ist und allerlei Plüschtiere, Tierfiguren und Bücher anbietet. Vom Isareingang kommt man am schnellsten zum Giraffengehege, das 2013 neu angelegt wurde, und vom Flamingoeingang zu den Affenhäusern.
Das Tollste an so einem Tag im Zoo ist, dass man mit Kindern einen langen Spaziergang macht – und sie es gar nicht bemerken. Unsere Lieblingstour führt vom Flamingoeingang an den Affen vorbei zu den Elefanten bis zum ersten Pausenstopp beim Imbiss am Schildkrötenhaus, dann weiter zu den Pavianen und Pinguinen. Dort biegen wir ab zum Abenteuerspielplatz und zum Kinderland mit seinen Fahrgeschäften. Die Hauptattraktion beim Abenteuerspielplatz, der direkt am Tierparkrestaurant mit großem Biergarten gelegen ist, ist der »Elephantenrüssel«, eine Riesenrutsche, die erst von wagemutigen Kletterern erklommen werden will und Kinder ab etwa sechs Jahren anspricht. Im Kin-

Im Tierpark Hellabrunn gibt es täglich um 13.45 Uhr eine Greifvogel-Flugshow.

derland locken eine Eisenbahn und eine Kinderkartbahn (gegen Münzeinwurf).

Wer eine ruhigere Tour mag, der biegt am Isareingang gleich nach rechts zum Streichelgehege und zum Braunbär ab und geht bis zum Nashorngehege. Nach einem Stopp auf dem Nashorn-Spielplatz gegenüber vom Nashornhaus, auf dem sich kleinere Kinder wohlfühlen und der mit Wasserspielen punktet, geht es weiter zum Tiger und zu den Pinguinen, dann an den Vogelvolieren vorbei und zurück über das Giraffenland zum Isareingang.

Hungrig werden muss im Zoo übrigens niemand. Außer dem Tierparkrestaurant gibt es noch diverse Cafés und Kioske. Wer mehr über die Tiere erfahren will, hat die Möglichkeit, sich verschiedene Tiershows anzusehen, zum Beispiel die Elefanten- oder Greifvogelshow, oder am täglichen Tierspaziergang mit Lamas oder Ponys teilzunehmen. Auf der Streichelwiese beim Kindertierpark darf man die Ziegen anfassen. Zu besonderen Anlässen, wie Ostern oder Nikolaus, gibt es Bastelangebote und werden schon mal kleine Überraschungen versteckt oder an die Besucher verteilt. Im Tierpark Hellabrunn können auch Kindergeburtstage gefeiert werden. Es werden verschiedene Touren wie z. B. eine Tierolympiade für Kinder ab sechs bzw. ab zehn Jahren angeboten.

Nach dem Zoobesuch kann man an der nahe gelegenen Zentralländе den anlandenden Floßfahrern zusehen, Steinchen in die Isar werfen oder im Naturbad Maria Einsiedl (Tour 13) entspannen.

Gut kombinieren lässt sich der Zoobesuch auch mit einem Sonntagsbrunch im Mangostin Asia oder einem fertig gepackten Picknickkorb von der Villa Floßlände.

27 Abenteuer auf dem bayerischen Land

Wildfreizeitpark und Waldseilgarten Oberreith

Ausgangs-/Endpunkt
Wildpark Oberreith

Anfahrt
Auf der A 94 und B 12 Richtung Passau bis zur Ausfahrt Gars, dann über Gars Richtung Schnaitsee bis Unterreit, von dort geht es nach rechts einen Kilometer nach Oberreith.

Öffnungszeiten
Frühling bis Herbst 9–18 Uhr, in den Pfingst- und Sommerferien 9–19.30 Uhr

Preise
Wildfreizeitpark Kinder 3–14 Jahre 5,20 €, Erwachsene 6,40 €; Waldseilgarten inkl. Wildfreizeitpark Kinder ab 6 Jahren 13,90 €, Kinder ab 8 Jahren 19,60 €, Erwachsene 24,60 €

Information
Wildpark Oberreith, Oberreith 6a, 83567 Unterreit, Tel. 08073/91 53 61, www.wildfreizeitpark-oberreith.de, www.waldseilgarten-oberreith.de

Es muss wohl an der einstündigen Anfahrt liegen, dass die Münchner diesen Wildpark bei Wasserburg am Inn noch nicht für sich entdeckt haben. Zum Glück, denn so hat sich die Anlage ländliches Flair und bayerische Gemütlichkeit bewahrt.

Gleich nach dem Eingang erwartet uns der Streichelzoo mit Hasen, Hühnern, Meerschweinchen und Rad schlagenden Pfauen. Gegenüber lockt der weitläufige Spielplatz mit einem großen überdachten Sandspielplatz, der dank seiner Ausstattung mit Baggern, Schaufeln, Eimern und Matschtisch nicht nur für die Allerkleinsten interessant ist. Zum Austoben gibt es allerlei Rutschen, Schaukeln, Wippen und für die ganz Mutigen eine recht hohe Vogelnestpyramide. Für viel Action sorgen die Trampolinanlage sowie das betreute Bungee-Trampolin; dieser Service ist ohne Zusatzkosten.

Naturbegeisterte Kinder können am geführten Reiten und an der zweimal täglich stattfindenden Vogelflugschau teilnehmen oder in die Sternwarte gehen. Tagsüber werden dort Lehrfilme gezeigt, Beobachtungen sind meist am Freitagabend möglich. Spaß macht auch die 600 Meter lange Fahrt mit der kleinen Parkeisenbahn, vorbei am Weidenlabyrinth, am Feuchtbiotop und an den Gehegen mit Rehen, Ponys, Eseln und Lamas. All diese Attraktionen befinden sich noch in unmittelbarer Nähe zum Eingangsbereich.

Wer ein kleines Stückchen in den Park hineinläuft, kommt an den beiden Riesenrutschen vorbei, der Weg führt dann weiter in den Wald und an den Gehegen mit verschiedenen Kleintieren und Vögeln vorbei. Absoluter Höhepunkt des

Der kleine Esel ist sehr zahm.

Parks aber dürfte der im Wald gelegene 35 Meter hohe Aussichtsturm sein. Von hier aus hat man einen schönen Überblick über den Wildpark bis hin zu den Alpen. Hier ist auch der Start für den Mega-Flying-Fox (ab neun Jahren): Gesichert in einem Seilsystem kann man 400 Meter über den ganzen Park fliegen. Gelandet wird auf einer Plattform an der Gaststube.
Dort im Wald der Anlage ist auch der Waldseilgarten gelegen. Er bietet elf Parcours in unterschiedlichen Schwierigkeitsgraden. Für Kinder ab sechs Jahren gibt es drei leichtere Parcours, ab acht

Wollschweine fühlen sich sichtlich wohl im Wildfreizeitpark Oberreith.

Jahren kann die ganze Anlage genutzt werden. Auf Anmeldung hin können Gruppen ab fünf Personen (ab acht Jahren) sich in das Bogenschießen einweisen lassen.
Gut versorgt mit Essen und Trinken wird man in der Gaststube und im Biergarten, dort sind auch Feiern und Kindergeburtstage möglich. Als Geburtstagsgeschenk kann ein Tag mit dem Falkner oder eine Führung gebucht werden. Der Wildfreizeitpark organisiert über den Sommer verschiedene Veranstaltungen wie freitägliche Grillabende und Open-Air-Kino.

28 Wie füttert man eine Seeanemone?

Das Sea Life im Olympiapark München

Ausgangs-/Endpunkt
Sea Life am Olympiapark

Anfahrt
Auto: In den Münchner Norden zum Olympiapark, dort auf den kostenpflichtigen Parkplatz. Bahn: Mit der U3 zur Haltestelle Olympiazentrum, von dort 10-minütiger Fußweg (ausgeschildert)

Alter
Kinder unter 15 Jahren nur in Begleitung eines Erwachsenen, kinderwagengeeignet

Öffnungszeiten
Täglich 10–18 Uhr, im Sommer bis 19 Uhr, letzter Einlass jeweils eine Stunde vorher

Preise
Kinder 14,50 € (Onlineticket 9,50 €), Erwachsene 17,95 € (Onlineticket 11,95 €)

Information
Sea Life München, Willi-Daume-Platz 1, 80809 München, Tel. 089/45 00 00, www.visitsealife.com

Wer mit seinen Kindern in eine Unterwasserwelt eintauchen möchte, kann dies im Sea Life tun. 4000 Meeresbewohner in 33 Aquarien warten darauf, entdeckt zu werden. Wer sich traut, darf sogar einen Seestern berühren oder eine Krabbe in die Hand nehmen.

Bevor man die eigentliche Meereswelt betritt, wird ein zweiminütiger Film über das Leben der Meerestiere und den Artenschutz gezeigt. Der Rundgang ist dem Wasserlauf zum Meer nachgebildet. Über die Bereiche Isar und Donau gelangt man zum Schwarzen Meer, wo sich auch das Berührungsbecken befindet. Es ist für die Kinder ein nachhaltiges Erlebnis, einen

Hinter den dicken Glasscheiben lässt sich der Fischschwarm ganz genau beobachten.

kleinen Krebs auf die Hand nehmen zu können oder eine Seeanemone mit Plankton füttern zu dürfen. Die Ärmel können dabei schon mal nass werden.

Auf dem weiteren Weg werden Fischschwärme, Quallen, Seepferdchen und Tintenfische entdeckt, bis man zum Mittelmeerhafen kommt. In einem großen Becken können Rochen und andere beeindruckend große Fische bewundert werden. Ein Sea-Life-Mitarbeiter hält an den Wochenenden dazu viertelstündlich einen kleinen Vortrag.

Aber auch wir stehen im Visier der Aquariumbewohner.

Fast das Ende des Rundganges hat man erreicht, wenn man sich schließlich im tropischen Ozean befindet, der durch einen Glastunnel unterquert wird. Hier können an den Wochenenden von 11.30 bis 12.30 Uhr zwei Taucher beim Füttern der Haie und Meeresschildkröten aus nächster Nähe beobachtet werden. Schließlich kann man noch vor der Panoramascheibe dem Treiben der Tiere zusehen, bevor man über eine Treppe wieder nach oben kommt.

Im Ausgangsbereich gibt es Sitzmöglichkeiten, an denen eine selbst mitgebrachte Brotzeit verzehrt werden kann. Wer am Anfang beim Einlass ein Foto mit dem Hai-Maskottchen von sich hat machen lassen, kann das nun im Shop abholen. Kinderwagen dürfen auf der gesamten Tour mitgeführt werden. Bei großem Besucherandrang empfiehlt es sich jedoch, diese im Eingangsbereich zu parken, weil die Gänge teilweise eng und verwinkelt sind.

Olympiapark

Wer mag, kann den Besuch im Sea Life mit den weiteren Attraktionen des Olympiaparks verbinden, etwa einer Fahrt auf den Olympiaturm, einen Spaziergang hoch auf den Olympiaberg oder der Nutzung des Bungee-Trampolins.

29 Edle Rennpferde im rasanten Galopp

Galopprennbahn München Riem

Ausgangs-/Endpunkt
Galopprennbahn in Riem

Anfahrt
Auto: Auf der A 99 oder A 94 bis Ausfahrt Galopprennbahn/Olympia-Reitanlage, dann der Beschilderung folgen. Bahn: Mit der S2 Richtung Erding bis Haltestelle Riem

Öffnungszeiten
Renntage sind der Website zu entnehmen.

Information
Münchener Rennverein e.V., Graf-Lehndorff-Str. 36, 81929 München, Tel. 089/945 52 30, www.galoppmuenchen.de

Wer außerhalb des Zoos und der bekannten Wildparks Tiere entdecken möchte, hat dazu in München und Umgebung noch etliche Möglichkeiten. Wie wäre es beispielsweise mit dem Besuch der Galopprennbahn an einem Renntag?

Kleine Pferdefreunde werden nicht nur auf Reiterhöfen (Tour 30) glücklich, sondern können auf der Galopprennbahn München Riem Pferde einmal im rasanten Sprint erleben. Besucht man an einem Renntag die Galopprennbahn, werden zunächst die edlen

Pferde mit ihren Jockeys präsentiert; wer mag, kann auf ein Pferd Wetten abschließen.

Der Besuch eines Renntages lohnt sich aber auch für diejenigen, die mit Pferdewetten nichts am Hut haben. Von der Tribüne aus hat man einen schönen Blick auf das Renngeschehen. Noch unvermittelter erfährt man die enorme Geschwindigkeit der Pferde, wenn man sich einen Platz am Zaun zur Rennbahn sucht.

Haben die Kinder nun selbst Lust auf Reiten bekommen, können sie an Renntagen am Ponyreiten teilnehmen. Das findet auf der großen Wiese neben dem Kinderspielplatz statt. Für gewöhnlich steht dort auch eine Hüpfburg bereit. Einkehrmöglichkeiten gibt es an Renntagen im Clubrestaurant mit Blick auf die Rennbahn sowie in der urigen Almhütte.

Entspannt im Park

Von der Galopprennbahn ist es mit dem Auto nicht weit zum Riemer Park. Dort, wo früher der Flughafen war, ist ein riesiges Parkgelände mit Großspielplatz, Badesee und Rodelhügel entstanden.

Spannend ist so ein Pferderennen.

30 Reiter- und Erlebnisbauernhöfe

Kinderwerkstatt Sonnenland, Matthof und andere

Sind Kühe tatsächlich lila und Entenküken gelb? Natur und Tiere können Großstadtkinder in zahlreichen Reiter- und Erlebnisbauernhöfen in und um München erfahren. Sie bieten auch die Kulisse für großartige Kindergeburtstagsfeiern.

Die **Kinderwerkstatt Sonnenland** in Neufarn ist so ein Ort. Auf dem weitläufigen Gelände werden neben Reitstunden auch Kindergeburtstage angeboten. Höhepunkt jeder Feier ist der Ausritt zur Strohburg, wo es einen kleinen Schatz zu entdecken gilt. Wer mag, kann anschließend noch am Lagerfeuer Platz nehmen und Stockbrot grillen. An einem kleinen Kiosk werden die Besucher mit Kaffee, Eis und frisch gebackenen Waffeln versorgt.

Auch andere Reiterhöfe rund um München bieten Kinderreitstunden und -geburtstage an. Auf dem **Matthof** in Ismaning beispielsweise können Kinder ab eineinhalb Jahren bereits am Ponyführen teilnehmen. Die Kinder sitzen dabei auf ganz kleinen Minipferden, die von den Eltern geführt werden, und drehen eine Runde durchs Gelände. Was wir als Pferdeanfänger dabei gelernt haben, ist, die Zügel fest in die Hand zu nehmen und die Pferde unterwegs kein Gras fressen zu lassen, sonst übernimmt sofort das Pferd die Führung.

Im Reiterhof **Reitsberger Hof** in Vaterstetten dürfen die Kinder einen Blick in den Kuhstall werfen und auf einem großen Spielplatz spielen. Leckeres Essen gibt es im Gasthof Landlust. Für zwei Euro kann freitags bis sonntags ab 15 Uhr eine kleine Runde auf dem Hof mit Ponys gedreht werden (ohne Voranmeldung) oder für 20 Euro ein Pony für eine halbe Stunde zum Selberführen ausgeliehen werden (Reservierung erforderlich). Ab zehn Jahren können Kinder dort auch Reitunterricht nehmen. In der Nähe des Reitsberger Hofes, an der Ecke Johann-Sebastian-Bach-Str./Baldhamer Straße, befindet sich die Minigolfanlage Edi's Spielewelt, zu deren Angebot künftig auch eine Trampolinanlage und ein Kiosk gehören.

Information

Sonnenland-Pferdestall und Kinderwerkstatt, beim Gutsgasthof Stangl, Münchner Straße 1a, 85646 Neufarn, Tel. 089/92 79 29 47, www.sonnenland-kinderwerkstatt.de

Reitschule Matthof, Senderstr. 11, 85737 Ismaning, Tel. 089/96 22 88 98-0, www.matthof.de

Reitschule Reitsberger, Baldhamer Straße 99, 85591 Vaterstetten, Tel. 08106/71 94, www.reitschule-reitsberger.de

Kinder- und Jugendfarm Neuaubing, Wiesentfelserstr. 59, 81249 München, Tel. 089/871 12 87, www.jugendfarm-muenchen.de; Kinder- und Jugendfarm Ramersdorf, Görzer Str. 95, 81549 München, Tel. 089/60 06 28 15, www.jugendfarm-muenchen.de

Herrmannsdorfer Landwerkstätten, Herrmannsdorf 7, 85625 Glonn, Tel. 08093/90 94-0, www.herrmannsdorfer.de

Landeshauptstadt München, Kommunalreferat, Stadtgüter München, Gut Riem, Isarlandstraße 1, 81829 München, www.muenchen.de

Ein Bauernhoferlebnis für Stadtkinder bietet die **Münchner Kinder- und Jugendfarm** an zwei Standorten in Neuaubing und Ramersdorf. Hier können Kinder Haus- und Nutztiere beobachten, auf einer großen Wiese mit verschiedenen Spielgeräten spielen oder bei der Farmarbeit mithelfen, etwa eine Pflegschaft für ein Tier übernehmen.

Im Biergarten der Herrmannsdorfer Werkstätten ist immer viel los.

Landleben in der Stadt ermöglicht auch das **Städtische Gut Riem** mit dem herbstlichen Kartoffelklauben (Tour 43) und dem großen, gemütlichen Hoffest im September mit vielen Aktionen auch für Kinder.

Die **Herrmannsdorfer Landwerkstätten**, im etwa 30 Kilometer von München entfernten Glonn gelegen, sind ein beliebtes Ausflugsziel. Hier können die vor Ort produzierten Lebensmittel im Hofmarkt gekauft oder im Biergarten verkostet werden. Bei Veranstaltungen, wie etwa dem Erntedankfest im Oktober, gibt es Führungen hinter den Kulissen und für die Kinder eine Strohburg und Bastelaktivitäten.

31 Im Tierparadies

Gut Aiderbichl

Ausgangs-/Endpunkt
Gut Aiderbichl, Iffeldorf

Anfahrt
Auf der A 95 München–Garmisch-Partenkirchen bis zur Ausfahrt Penzberg/Iffeldorf und weiter nach Iffeldorf

Öffnungszeiten
Täglich 9–18 Uhr

Preise
Kinder ab 4 Jahren 3,50 €, Erwachsene 8 €

Einkehr
Vegetarisches/veganes Restaurant auf dem Gelände

Information
Gut Aiderbichl, Osterseehof 1, 82393 Iffeldorf, Tel. 08801/915 65 50, www.gut-aiderbichl.com

Unsere Kinder haben Bauernhoftiere vermutlich noch nie so unmittelbar erlebt wie auf Gut Aiderbichl. Oder wo sonst kann man ein riesiges Schwein streicheln und mitten in einer Schafherde stehen?

Im Süden des Starnberger Sees, in Iffeldorf, liegt das Tierparadies Gut Aiderbichl. Das Auto kann auf einem großen, kostenfreien Parkplatz abgestellt werden. Von dort aus führt ein kurzer Weg zum Eingangsbereich des Gut Aiderbichl. Hier gibt es einen kleinen Shop und von hier starten auch am Wochenende um 11 Uhr und um 15 Uhr die Kinderführungen. Die Kinder werden an Lamagehege, Kuhstall, Schafherde und Katzenzimmer vor-

Nach dem Besuch im Gut Aiderbichl lockt ein Spaziergang an den Osterseen.

beigeführt und erfahren Geschichten zu den einzelnen Tieren. Während der Führung dürfen die Tiere, wie z. B. das so gutmütige wie beeindruckende 300-Kilo-Schwein oder die Minikuh, gefüttert und gestreichelt werden.
Auf dem Gut Aiderbichl in Iffeldorf dürfen mehr als 300 Tiere wie Pferde, Schweine, Hunde und Katzen ihren Lebensabend verbringen. Es finden sich dort aber auch exotische Tiere wie Lamas, Alpakas und sogar ein Kamel.
Für die Kinder ist es ein riesiges Erlebnis, die frei laufenden Schafe und Ponys zu streicheln. Auf der Wiese gegenüber dem Biergarten gibt es sogar eine Pferdestriegelstation. Außerdem lockt eine Strohburg zum Toben.
Der Ausflug zum Gut Aiderbichl kann gut mit einem Bad im Starnberger See verbunden werden, etwa im Wasserpark Starnberg (Tour 13), oder mit einem Besuch des Buchheim-Museums in Bernried, das am Wochenende von 11 bis 17 Uhr mit dem Labor der Phantasie ein offenes Kunstatelier für Kinder anbietet. Mit wanderfreudigen Kindern empfiehlt sich auch ein Spaziergang um die nahe gelegenen Osterseen.

Auf großen Tafeln erfahren wir so einiges über die Schicksale der Bewohner.

Selbst geerntet schmeckt
Obst dreimal so gut.

Forschen & Entdecken

Spannendes aus dem Reich der Wissenschaften

32 Autos und Verkehr

BMW Welt

Ausgangs-/Endpunkt
BMW Welt am Olympiapark

Anfahrt
Auto: In den Münchner Norden zum Olympiapark, dort auf den kostenpflichtigen Parkplatz. Bahn: Mit der U3 Richtung Olympia-Einkaufszentrum bis zur Haltestelle Olympiazentrum

Öffnungszeiten
BMW Welt: täglich 7.30–24 Uhr, So erst ab 9 Uhr; BMW Museum: täglich 10–18 Uhr, Mo Ruhetag

Preise
BWM Welt: kostenlos; BMW Museum: Kinder unter 18 Jahren 7 €, Erwachsene 10 €

Information
BMW Welt, Am Olympiapark 1, 80809 München, www.bmw-welt.com

Keine Ahnung, wohin mit dem Nachwuchs an einem verregneten Sonntag? In der BMW Welt kommen alle Autobegeisterten auf ihre Kosten. Allein das Ansehen der Autos ist toll, noch mehr Freude machen die zahlreichen Familienveranstaltungen und Ferienprogramme.

In der BMW Welt, zu der der Eintritt kostenlos ist, werden Autos und Motorräder ausgestellt und ausgeliefert. Zugleich finden in der BMW Welt aber regelmäßig Veranstaltungen insbesondere auch für Familien und Kinder statt.
Beliebt sind die monatlich stattfindenden Familiensonntage mit verschiedenen Bastelaktionen und Aktivitäten und reduziertem Eintritt in das BMW Museum.
Im Junior Campus in der BMW Welt werden Kindern ab fünf Jahren diverse altersgerechte Angebote zum Thema Mobilität gemacht, insbesondere auch Kindergeburtstage veranstaltet.
Im benachbartem BMW Museum wird die Geschichte des Unternehmens anhand von über 100 Autos und Motorrädern präsentiert.
Über eine Fußgängerbrücke ist die BMW Welt mit dem Olympiapark verbunden. Es bietet sich also an, nach dem Besuch in der BMW Welt noch einen Spaziergang um den Olympiasee zu machen oder weitere Highlights im Olympiapark, etwa das Sea Life (Tour 28) oder den Olympiaturm zu erkunden.

Noch mehr … Autos und Verkehr Autos, Züge und andere Fortbewegungsmittel wie Kutschen und Hochräder können im **Verkehrsmuseum München** (www.deutsches-museum.de) bewundert werden. Das Verkehrsmuseum bietet für Kinder ab sechs Jahren spezielle Kinderführungen an, die auch anlässlich eines Kindergeburtstages gebucht werden können, sowie am ersten Mittwoch im Monat einen Fahrradworkshop. In Halle III gibt es eine Modelbahnanlage und einen Kinderbereich mit Rutsche. Eine Einkehrmöglichkeit findet man im benachbarten Wirtshaus am

Bavariapark, das über einen Kinderspielplatz und eine Spielecke verfügt und sonntags von 12 bis 15 Uhr zusätzlich auch noch eine Bastelecke anbietet.

Einmal selbst am Steuer eines Autos sitzen, das dürfen Kinder ab sechs Jahren auf den **Verkehrsübungsplätzen Jumicar** in Oberschleißheim (www.jumicar.de) und **Kiddi-Car** in Fürstenfeldbruck (www.kiddicar.de). Jumicar befindet sich auf einem abgetrennten Areal unmittelbar an der Regattastrecke, Kiddi-Car ist ein fest mit Straßen und Verkehrszeichen angelegter Platz an der Theodor-Heuß-Straße. Die Kinder können in benzinbetriebenen kleinen Autos (Jumicar) bzw. Quads (Kiddi-Car) mit einer Geschwindigkeit von etwa 5 km/h den Parcours entlangfahren und müssen dabei auf Ampeln, Fußgängerüberwege und Vorfahrtsregeln achten. Helme sind Pflicht. Die Verkehrsübungsplätze sind für Kindergeburtstage beliebt.

Nur einen Teil der BMW Welt kann man als Familie gemeinsam besuchen, das Kinderprogramm im Junior Campus absolvieren die Kids ganz alleine.

33 Flugzeuge

Flughafen München

Ausgangs-/Endpunkt
Besucherpark am Flughafen München

Anfahrt
Auto: Auf der A 92 bis zur Ausfahrt Flughafen München, dann der Beschilderung zum Besucherpark folgen. Bahn: Mit der S1 oder S8 Richtung Flughafen bis zur Haltestelle Besucherpark, dann ca. 10 Min. zu Fuß der Beschilderung folgen

Öffnungszeiten
Besucherpark und Besucherhügel ganzjährig und täglich durchgehend geöffnet

Preise
Besucherpark: kostenlos; Besucherhügel: 1 €

Information
Flughafen München GmbH, Besucherservice, Nordallee 7, 85356 München, Tel. 089/975-413 33, www.munich-airport.de

Wer sagt, dass der Flughafen nur ein Ziel für Geschäfts- oder Urlaubsreisende ist? Mit technikbegeisterten Kindern kann man dort wunderbar einen ganzen Tag verbringen und ein wenig dem eigenen Fernweh nachhängen.

Ein guter Ausgangspunkt für eine Flughafenbesichtigung ist der Besucherpark. Kinder werden sich als Erstes auf den großen »Weltenspielplatz« mit Towerrutsche und Kletterparcours stürzen. Der Spielplatz grenzt an eine Minigolfanlage mit 18 Löchern, die Ausrüstung kann im Restaurant ausgeliehen werden. Nicht zu übersehen sind die drei historischen Flugzeuge, von denen zwei betreten werden können (gegen Münzeinwurf). Nur den Erwachsenen wird bei dieser Gelegenheit auffallen, dass die Beinfreiheit früher deutlich größer war. Hauptattraktion im Besucherpark ist sicher der 28 Meter hohe Besucherhügel (Zutritt gegen Münzeinwurf). Wer die 172 Stufen erklimmt (nicht für Kinderwagen geeignet), kann im Minutentakt Flugzeugen beim Starten und Landen zusehen. Aufkommender Hunger kann in Tante Ju's Speisenwerkstatt gestillt werden, wo eine kindgerechte Karte zu finden ist. Eine Alternative zum Besucherhügel ist die Besucherterrasse (Zugang von Ebene 05, Terminal 2) mit Blick auf das Vorfeld, die Start- und Landebahn und das neue Satellitenterminal. Im Besucherzentrum des Besucherparks sind die Tickets für eine Flughafenrundfahrt zu erwerben. Feiertags und an Wochenenden startet immer um 13 Uhr die Kids-Tour (empfohlen für Familien mit Kindern bis acht Jahre), bei der man mit

Die Lande- und Startbahn des Flughafens lässt sich vom Besucherhügel aus beobachten.

Dort stehen auch historische Flugzeuge zur Besichtigung.

einem Bus über das Vorfeld gefahren wird und Erläuterungen zum Flughafenbetrieb und zu den Zielen und Besonderheiten der anlandenden Flugzeuge erhält. Mit etwas Glück lässt sich dabei auch ein Blick auf das größte Passagierflugzeug der Welt, den Airbus A 380, erhaschen.
Ein Blick auf die Website des Flughafens lohnt sich, denn hier finden sich auch Vorankündigungen von Veranstaltungen, wie beispielsweise zum jährlichen Familienfest im Juli im Besucherpark oder zum Wintermarkt in der Vorweihnachtszeit unter der überdachten Freifläche zwischen dem Terminal 1 und 2.

Noch mehr … Flugzeuge Etwa 70 Flugzeuge und Hubschrauber können in der **Flugwerft Schleißheim** (www.deutsches-museum.de) besichtigt werden. Die Kinder dürfen sogar in die Cockpits hineinklettern und alles ausprobieren. Mit etwas Glück kann man beobachten, wie vor dem Museum ein Zeppelin abhebt. In Kinderführungen für Kinder ab acht Jahren, die auch anlässlich eines Kindergeburtstags gebucht werden können, erfahren sie alles über das Fliegen. In Workshops können Kinder ab neun Jahren Flugzeugmodelle bauen.

34 Züge

Bahnpark Augsburg

Ausgangs-/Endpunkt
Bahnpark Augsburg

Anfahrt
Auf der A 8 bis Ausfahrt Augsburg West und weiter auf der B 17 Richtung Landsberg/Füssen bis Ausfahrt Kongresshalle, an der Ampel links, dann rechts in die Unterfeldstraße, durch die Bahnunterführung hindurch und weiter in die Firnhaberstraße

Öffnungszeiten
Mai bis Oktober So 11–17 Uhr

Preise
Kinder bis 15 Jahre frei, Erwachsene 5 €

Information
Bahnpark Augsburg GmbH, Firnhaberstraße 22c, 86159 Augsburg, Tel. 0821/45 04 47-0, www.bahnpark-augsburg.de

Lokführer zu sein ist einer der beliebtesten Berufswünsche kleiner Jungs. Wer einmal eine echte Dampflok sehen will, sollte in den Bahnpark Augsburg fahren oder gleich eine Fahrt mit der Dampfeisenbahn unternehmen. Miniaturzüge gibt es im Miniland München.

Der Zugang zum Bahnpark erfolgt über die große Dampflokhalle, in der drei historische Dampflokomotiven sowie eine Modelleisenbahn zu sehen sind. Rechts heraus gelangt man zum denkmalgeschützten Rundhaus und zur Drehscheibe, wo weitere Züge aus ganz Europa bewundert werden können. Einige Züge im Bahnpark, wie beispielsweise der legendäre Trans-Europ-Express oder das Bahnpostamt, sind zugänglich.
Spezielle Kinderführungen für Kinder von fünf bis zwölf Jahren gibt es an jeweils einem Sonntag im Monat von Juni bis Oktober. Ein Besuch im Bahnpark lohnt sich besonders an den Museumstagen oder Dampftagen, die an ausgewählten Sonntagen von Mai bis Oktober stattfinden. Dann können Kinder mit der Minieisenbahn eine Fahrt durch das Museumsgelände unternehmen und in der Schmiede gibt es Handwerksvorführungen.

Fahrt mit der Minieisenbahn durch den Bahnpark in Augsburg.

Hauptattraktion an Dampftagen ist die Einfahrt einer Dampflok, mit der man ab Utting am Ammersee selbst mitfahren kann. Von München kann man dazu mit der S-Bahn nach Herrsching fahren und mit dem Schaufelrad-Dampfer zum Dampfersteg nach Utting übersetzen.

Noch mehr … Züge Eine Fahrt mit der Dampflok rund um München wird im Mai und Oktober vom Bayerischen **Localbahn Verein e.V.** angeboten. Angetrieben von der Dampflok und einer

historischen E-Lok fährt der Zug etwa eine Stunde vom Ostbahnhof über Giesing, Deisenhofen, Großhesseloher Brücke und Hauptbahnhof wieder zurück zum Ostbahnhof. Fahrkarten können direkt beim Schaffner gekauft werden.
Wer sich Züge lieber im Kleinformat ansehen mag, findet im **Verkehrsmuseum München** (www.deutsches-museum.de) in Halle III und im **Miniland** (www. miniland.de) sehenswerte Modellbahnanlagen. Im Miniland bewegen sich die Modelleisenbahnen durch eine beeindruckende Landschaft mit Bergen, Tunnels und Bauwerken. Für Kinder gibt es im Miniland einen Spielbereich mit einer Brioeisenbahn.

Einmal einen richtigen Schaffner spielen, macht viel Spaß.

35 Feuerwehr

Feuerwehrmuseum Waldkraiburg

Ausgangs-/Endpunkt
Feuerwehrmuseum Waldkraiburg

Anfahrt
Auf der A 94 und weiter auf der B 12 bis zur Ausfahrt Richtung Waldkraiburg/Aschau am Inn, dann weiter auf der St 2352 und Inntalstraße bis Waldkraiburg

Öffnungszeiten
Fr bis So 10–17 Uhr

Preise
Kinder ab 6 Jahren 3 €, Erwachsene 9 €

Information
Feuerwehrmuseum Waldkraiburg, Duxer Str. 8, 84478 Waldkraiburg, www.feuerwehrmuseum-bayern.de

Wer Interesse an der Arbeit der Feuerwehr hat, kann sich in den Feuerwehrmuseen München und Waldkraiburg sowie bei den Tagen der offenen Tür der Münchner Feuerwehren umsehen.

Unzählige Feuerwehrautos, Wasserschläuche, Blaulichter und Feuerlöscher können im Feuerwehrmuseum Bayern in Waldkraiburg, etwa eine Autostunde von München entfernt, bewundert werden. In einigen Autos darf man auch Probe sitzen.
Wer etwas zur Geschichte und Ausrüstung der Feuerwehr erfahren will, ist hier im größten Feuerwehrmuseum Bayerns in jedem Fall richtig aufgehoben.

Noch mehr … Feuerwehr Direkt in der Münchner Innenstadt gelegen ist das **Feuerwehrmuseum München**. Hier gibt es alles zur Geschichte der Münchner Stadtfeuerwehr zu sehen, u. a. alte Fahrzeuge, einen 1983 ausgebrannten U-Bahn-Wagen und das

So einige Raritäten werden im Feuerwehrmuseum ausgestellt.

Türmerzimmer aus dem Alten Peter, von dem aus früher Brände gemeldet wurden. Das Museum ist nur samstags geöffnet. Der Eintritt ist frei.

Für Schulklassen bietet die **Münchner Berufsfeuerwehr** Führungen durch ihre Wachen an. Im Sommer gibt es bei etlichen der freiwilligen Feuerwehren in München **Tage der offenen Tür**. Bei diesen Gelegenheiten können die Fahrzeuge besichtigt werden. Für die Kinder gibt es Angebote wie Hüpfburgen und Kinderschminken, aber vor allem die Gelegenheit, einmal mit dem Feuerwehrschlauch spritzen zu können oder auf die ausgefahrene Feuerwehrleiter steigen zu dürfen. Zudem finden Schauübungen statt, etwa das Retten eines »Verunfallten« aus einem Auto mittels Rettungsschere. Eine Übersicht zu **Veranstaltungen** mit Feuerwehrbezug gibt es auf der Internetseite von Firetage (www.firetage.de).

Kleine und große Feuerwehrautos verschiedenster Baujahre warten auf die Besucher.

36 Fußball

Allianz Arena

Ausgangs-/Endpunkt
Allianz Arena, München-Fröttmaning

Anfahrt
Auf der A 9 München–Nürnberg bis zur Anschlussstelle München-Fröttmaning-Süd oder über die Ingolstädter Straße zur Anschlussstelle München-Neuherberg der A 99 und von dort zur Anschlussstelle München-Fröttmaning-Nord. Bahn: Mit der U6 Richtung Garching bis zur Haltestelle Fröttmaning.

Öffnungszeiten
Täglich 10–18 Uhr, an Spieltagen abweichende Öffnungszeiten

Preise
FC Bayern Erlebniswelt: Kinder ab 6 Jahren 6 €, Erwachsene 12 €

Information
Allianz Arena, Werner-Heisenberg-Allee 25, 80939 München, www.allianz-arena.de

Das runde Leder reißt nicht nur Väter vom Hocker. Auch der Nachwuchs ist spätestens ab dem Kindergartenalter oft fußballbegeistert. Für kleine Fußballfans ist der Besuch der Allianz Arena da schon fast ein Pflichtprogramm.

Die Allianz Arena ist die Heimat des FC Bayern München und des TSV 1860 München und beeindruckt schon von außen mit ihrer Größe und der beleuchtbaren Außenfassade.
Hinter die Kulissen können Kinder bei der Kidstour schauen. Dabei darf auch ein Blick in die Mannschaftsräume geworfen und die eigene Fußballfähigkeit beim Torwandschießen ausprobiert werden. Nach der Tour kann im Arena-Bistro gespeist werden. Die Tour bietet sich auch für Kindergruppen und Kindergeburtstage an.

Star-Training

Dem FC Bayern kann kostenlos beim Training auf dem Trainingsgelände in der Säbenerstraße zugesehen werden. Alle Infos hierzu unter www.fcbayern.de.

In der FC Bayern Erlebniswelt werden die Geschichte des Vereins, seine Triumphe und seine Spieler dargestellt. Für Kinder von sechs bis zehn Jahren werden spezielle Audio-Guides angeboten. Schulklassen können Führungen durch die Erlebniswelt zum Thema Toleranz und Werte buchen.

Über diese Treppe gehen auch alle Spieler auf den Fußball-Rasen der Allianz Arena.

Rechte Seite: Beeindruckend ist die Hülle der Arena, die in der Nacht bei einem Heimspiel des FC Bayern rot leuchtet.

Business Club
Sponsoren Lounges
Logen | Eventboxen

37 Film und Fernsehen

Bavaria Filmstudios

Ausgangs-/Endpunkt
Bavaria Filmstudios, Grünwald

Anfahrt
Mit der Straßenbahn Linie 25 bis Haltestelle Bavaria Filmstadt

Öffnungszeiten
Täglich 10–17 Uhr, März bis November 9–18 Uhr

Preise
Filmstadtführung Kinder 11 €, Erwachsene 13 €, freier Eintritt für Geburtstagskinder

Einkehr
McDonald's auf dem Gelände

Information
Bavaria Filmstadt, Bavariafilmpl. 7, 82031 Grünwald, www.filmstadt.de

Einmal selbst Star in einem Film sein? Durch ein U-Boot laufen? Auf einem Drachen fliegen? Das und vieles mehr kann man auf der Filmtour durch die Bavaria Filmstudios erleben.

Die Bavaria Filmstudios im Stadtteil Grünwald erreicht man mit dem Auto oder der Straßenbahnlinie 25. Von der Straßenbahnhaltestelle aus kann man die Filmstudios schon sehen, allerdings führt der Weg zum Besuchereingang noch ein paar Hundert Meter um das Filmgelände herum. Unterwegs kann man an 12 Ratetafeln die Gehzeit kurzweilig gestalten. Wenn man rechts durch den Zaun ein Wikingerschiff erahnen kann, hat man kurz darauf den Eingang erreicht.
An der Kasse muss man sich entscheiden, ob man die 90-minütige Filmstadtführung, das 4-D-Erlebniskino und/oder die Film-Entdeckerwelt Bullyversum erleben will. Für das 4-D-Erlebniskino müssen die Kinder mindestens 1,20 Meter groß sein.

Immer wieder verändern sich die Besuchertouren, sodass es stets etwas Neues zu entdecken gibt.

Die Filmstadtführungen starten in kurzen Abständen gegenüber dem Kasseneingang an markanten blauen Schirmen. Erster Stopp ist ein Visual-Effects-Studio, wo man selbst vor einem grünen Hintergrund ausprobieren kann, wie sich eine fiktive Fahrt auf einem fahrenden Zug und ein Drachenangriff anfühlen. Das Video kann anschließend im Shop erworben werden. Die nächsten Stationen sind eine Geisterschlosskulisse aus dem Kinderfilm die »Wilden Kerle«, das Innere des U-Boots aus dem bekannten Film »Das Boot« und drei Häuser aus der Kulisse für das Wikingerdorf Flake (Tour 5). Dem schließen sich ein Wetterstudio, eine Hotelrezeption aus der Telenova »Sturm der Liebe« und – für Kinder das Highlight – der Drache Fuchur aus der »Unendlichen Geschichte« an, wo man jeweils wieder selbst vor die Kamera treten kann. Diese 90-minütige Tour ist für Kinder und Erwachsene gleichermaßen kurzweilig und unterhaltsam.

Der Drache Fuchur ist ein Klassiker aus dem Film »Die unendliche Geschichte« nach dem Buch von Michael Ende.

Noch mehr … Funk und Fernsehen Der Bayerische Rundfunk (www.br.de) bietet kostenlose Führungen u. a. durch das Funkhaus München und das Fernsehstudio Unterföhring an. Das Mindestalter für die Teilnahme an diesen Führungen liegt bei sechs bis sieben Jahren.

38 Energie

Walchenseekraftwerk

Ausgangs-/Endpunkt
Parkplatz direkt am Walchenseekraftwerk

Anfahrt
Auf der A 95 München–Garmisch-Partenkirchen bis zur Ausfahrt Murnau/Kochel, dann über Kochel am See weiter zum Walchensee

Alter
Keine Altersbeschränkung, aber vermutlich werden erst Kinder ab dem Kindergartenalter etwas von dem Besuch haben

Öffnungszeiten
Informationszentrum täglich 9–17 Uhr

Einkehr
Bistro und Biergarten »Oskar von Miller«, Tel. 08851/92 37 23

Information
E.ON Wasserkraft GmbH, Altjoch 21, 82431 Kochel, Tel. 08851/77-0

Donnernde Turbinen und gewaltige Wasserrohre – der Besuch des Walchenseekraftwerkes hilft anschaulich und aus der Nähe zu verstehen, wie aus Wasserkraft Energie gewonnen wird. Ein lohnenswertes Ziel für technikbegeisterte Kinder.

Das Walchenseekraftwerk schafft eine Rohrverbindung zwischen dem Kochelsee und dem 200 Meter höher gelegenen Walchensee. Die sechs langen Rohre, durch die das Walchenseewasser in den Kochelsee fließt, sind schon von Weitem zu sehen. Die gewaltigen Turbinen, die durch das herabfließende Wasser angetrieben werden, befinden sich im Kraftwerksgebäude, in das Besucher von oben hineinschauen können. Der Anblick und der dort herrschende Lärm sind beeindruckend.
Im zugehörigen modernen Informationszentrum sind anschauliche Erläuterungen und Modelle zur Technik der Energieerzeugung und zur Geschichte des Kraftwerks zu sehen. Immer dienstags um 16 Uhr (Mai bis Oktober) werden Gruppenführungen angeboten.
Im angeschlossenen Bistro kann man sich bei Kaffee und Kuchen oder Snacks stärken.

Einmal im Jahr, am Tag des Denkmals, kann man hinauf zum Wasserschloss über dem Kraftwerk fahren.

Der Ausflug zum Walchenseekraftwerk lässt sich gut mit einem Besuch im Franz-Marc-Museum (www.franz-marc-museum.de) in Kochel am See, dem Wikingerdorf Flake am Walchensee (Tour 5) oder dem Kloster Benediktbeuern (www.kloster-benediktbeuern.de) verbinden.

Noch mehr … Energie Entlang der Isar gibt es etliche Wasserkraftwerke, Speicherseen und Wasserwerke. Eine der bekanntes-

ten Konstruktionen dürfte der **Sylvensteinspeicher** sein, der mit einer über 40 Meter hohen Staumauer beeindruckt. Im Stausee darf gebadet werden.
Wer mehr über Energieerzeugung lernen möchte, dem seien die Abteilungen Starkstromtechnik und Energietechnik im **Deutschen Museum München** (www.deutsches-museum.de) empfohlen.
Schulklassen können mit der Energie-Schule München von **Green City e.V.** Projekte zu Klima und Energiethemen umsetzen (www.greencity.de).

Die Aussichtsplattform in der Maschinenhalle ist das ganze Jahr über zugänglich.

39 Bergwerke

Salzbergwerk Berchtesgaden

Ausgangs-/Endpunkt
Salzbergwerk Berchtesgaden

Anfahrt
Auf der A 8 München–Salzburg bis Ausfahrt Piding, dann weiter auf B 20 über Bad Reichenhall nach Berchtesgaden und dort der Beschilderung zum Salzbergwerk folgen

Alter
Die Tour ist laut Angaben des Betreibers für Kinder jeden Alters geeignet, allerdings können Kinderwagen nicht mitgenommen werden.

Öffnungszeiten
Täglich 11–15 Uhr, Mai bis Oktober 9–17 Uhr

Preise
Kinder ab 4 Jahren 9,50 €, Erwachsene 16,50 €

Information
Salzbergwerk Berchtesgaden, Salzburger Straße 24, 83471 Berchtesgaden, Tel. 08652/60 02-0, www.salzbergwerk.de

Die Bezeichnung Erlebnisbergwerk hat sich das Salzbergwerk Berchtesgaden völlig zu Recht gegeben. Laserprojektionen, Holzrutsche und Fahrt über den Salzsee – die Tour durch das älteste noch in Betrieb befindliche Bergwerk ist für Kinder ein wahres Erlebnis. Glück auf!

Bevor es losgeht, schlüpfen alle Besucher in einen schwarzen Overall. Im Bergwerk herrscht eine Temperatur von konstant 12 Grad. Der Overall bietet zwar einen gewissen Schutz, aber die Kleidung und das Schuhwerk sollten dennoch angemessen gewählt werden.
Die Tour startet mit der Fahrt auf einer kleinen Schienenbahn in den Berg hinein. Zügig fährt der Zug durch teils enge und dunkle Gänge, bis sich eine riesige Halle öffnet. Hier wartet schon das erste Highlight: Mit einer Laserprojektion an den Höhlenwänden wird dem Besucher sehr anschaulich vermittelt, wie der Salzabbau mittels Wasserspülungen funktioniert.
Weiter geht es über eine 40 Meter lange Holzrutsche nach unten, was für die Kinder natürlich ein Erlebnis ist. Dort wird den Besuchern anhand von Ausstellungstücken mehr über das Bergwerk und die Abbautechnik vermittelt. Am Ende der Führung steht eine Bootsfahrt über den großen Salzsee an, begleitet von sanfter Musik und Laserprojektionen. Auf der Schienenbahn geht es schließlich wieder hinaus ans Tageslicht.
Der Besuch im Salzbergwerk Berchtesgaden lässt sich gut mit einem Ausflug an den Königssee verbinden. Mit einem Motorboot kann bis zur Wallfahrtskirche St. Bartholomä gefahren werden, unterwegs gibt es Erläuterungen zum See und mittels Trompetenklängen vor den Bergwänden wird das Echo demonstriert.

Rechte Seite: Rasant geht es über die 40 Meter lange Rutsche hinunter ins Bergwerk.

Noch mehr … Salz und Berge Nicht weit entfernt vom Salzbergwerk Berchtesgaden befindet sich die **Alte Saline Reichenhall** (www.alte-saline.de). Hier können die historischen Anlagen und das Salzmuseum besichtigt werden.

40 Weltall & Sterne

Bayerische Volkssternwarte München

Ausgangs-/Endpunkt
Volkssternwarte München

Anfahrt
Mit der S-Bahn oder der U5 zum Ostbahnhof und von dort mit einem Bus der Linie 155, 55 oder 145 drei Stationen bis zur Haltestelle Anzinger Straße

Alter
Kinderführung für Kinder bis 12 Jahre, aber erst Kinder ab dem Kindergartenalter werden Spaß an der Führung haben

Öffnungszeiten
Die Sternwarte öffnet nur zu den Führungen; Kinderführungen Fr 17 Uhr, Abendführungen für Kinder ab 12 Jahren und Erwachsene Mo bis Fr 21 Uhr; der Veranstalter empfiehlt, etwa 15 bis 30 Min. vor der Führung da zu sein, die Führung selbst dauert 1.30 bis 2 Std.

Preise
Kinder ab 4 Jahren 6 €, Erwachsene 8 €

Information
Bayerische Volkssternwarte München e.V., Rosenheimer Straße 145 h, 81671 München, Tel. 089/40 62 39, www.volkssternwarte-muenchen.de

Wenn Ihre Kinder ein bestimmtes Alter erreicht haben, werden Sie nicht mehr umhinkommen, deren wissbegierige Fragen nach den Sternen, der Sonne und der Entstehung unserer Erde zu beantworten. Dann ist es Zeit für einen Besuch in einer Sternwarte oder einem Planetarium.

In München bietet sich der Besuch in der Bayerischen Volkssternwarte München oder in der Sternwarte des Deutschen Museums an. Die Volkssternwarte liegt etwas versteckt im Innenhof und ist durch die Toreinfahrt Rosenheimer Straße 145h zu erreichen. Ein kleines Plakat am Eingang des Gebäudes im Innenhof weist auf die Sternwarte hin, die sich dort oben im vierten Stock befindet.
Der Besuch mit Kindern empfiehlt sich besonders im Rahmen einer Kinderführung, die immer freitags um 17 Uhr angeboten wird. Sie beginnt im Vortragssaal mit einer Filmvorführung zur Sonne und geht weiter durch den Ausstellungsraum, wo man ein echtes und überraschend schweres Meteoritenstück in die Hand nehmen kann. Anschließend gibt es im Planetarium eine schöne Vorführung zum Sternenhimmel über München und schließlich endet die Führung auf dem Dach des Museums, wo man einen Blick durch das riesige Teleskop werfen kann. Am Ende der Führung werden Ihre Kinder nicht nur wissen, warum wir den Mond mal voll und mal halb sehen, sondern auch, wievielmal die Sonne heißer als ein Backofen ist und warum Halvar, der Vater von Wicki, eine Augenklappe trägt. In der Volkssternwarte können auch Kindergeburtstage gefeiert werden.

Noch mehr … Weltall und Sterne Im Planetarium des **Deutschen Museums** (www.deutsches-museum.de) finden täglich, meist um 10, 12 und 14 Uhr, Vorstellungen statt. Die aktuellen Zeiten können jeden Morgen ab 9 Uhr auf der Website des Museums abgefragt werden. Das Museum empfiehlt den Besuch der Vorführungen erst mit Kindern ab sechs Jahren.

Rechte Seite: Weißt du, wie viel Sternlein stehen …

7-ZOLL-REFRAKTOR

41 Käse und Brot

Naturkäserei Kreuth

Ausgangs-/Endpunkt
Naturkäserei Kreuth am Tegernsee

Anfahrt
Auf der A 8 München–Salzburg bis zur Ausfahrt Holzkirchen, dann weiter auf der B 318 Richtung Tegernsee; ab Gmund der Beschilderung Tegernsee oder Bad Wiessee folgend über Rottach-Egern nach Kreuth

Öffnungszeiten
Täglich 9–18 Uhr, im Sommer 9–19 Uhr

Preise
Führungen 7,50 €

Einkehr
Hauseigene Gaststube mit Terrasse

Information
Naturkäserei Kreuth, Reißenbichlweg 1, 83708 Kreuth am Tegernsee, www.naturkaeserei.de

Helfen Sie Ihren Kindern, die Welt zu entdecken! Kinder sind von Natur aus neugierig und interessieren sich für die Dinge, die sie im Alltag umgeben. Sicher wissen die meisten schon, dass die Milch von den Kühen kommt. Aber wie wird daraus Käse und Quark und Joghurt?

Das kann man den Kindern natürlich erklären, aber viel anschaulicher ist es doch, es ihnen zu zeigen. In der Naturkäserei Kreuth am Tegernsee wird bei einer Führung der Prozess der Käseherstellung genau erklärt. Man kann die großen Bottiche sehen, in denen gerade der Käse gepresst wird, und natürlich die großen Reifelager mit den Käseleibern. Eine Führung ist für Erwachsene und Kinder spannend.
Die wundervollen Produkte kann man anschließend gleich selbst verkosten – im Biergarten – oder aus dem kleinen Shop mit nach Hause nehmen. Im Sommer lädt auch ein kleiner Kräutergarten zur Erkundung ein.
Nach dem Besuch der Käserei kann der restliche Tag am Tegernsee mit einer Schifffahrt oder einer Wandertour verbracht werden. Im Sommer bietet sich auch der Besuch eines der tradi-

Eine weitere kleine Käserei, speziell nur für Ziegenkäse, gibt es auf den Buckelwiesen in Mittenwald: die Goas-Alm.

tionellen Waldfeste (www.waldfest.de) oder eines Seebads an. Eine Schlechtwetteralternative ist der Indoor-Spielplatz in Bad Wiessee (www.spielarena-tegernsee.de).

Noch mehr … Käse In der **Schaukäserei Ammergauer Alpen** in Ettal finden täglich außer sonntags um 11 Uhr, für Kindergärten und Schulen dienstags um 9 Uhr, 30-mimütige Führungen statt

(www.schaukaeserei-ettal.de). Die Produkte können vor Ort verkostet und gekauft werden. Gleich neben der Schaukäserei ist das Brauereimuseum der Klosterbrauerei Ettal.

In der Naturkäserei Kreuth gibt es neuerdings einen kleinen Barfußpfad direkt vor der Terrasse.

Mit der **Furthmühle in Eggenhofen** (www.furthmuehle.de) kann eine noch im Betrieb befindliche Getreidemühle besichtigt werden. Die Produkte können im Mühlenladen gekauft oder im Café Mahlgang gekostet werden. Bei einer Führung (sonntagnachmittags April bis Ende November) können die Mahlwerke, Siebe und Förderbänder besichtigt werden. Für Kindergruppen werden nach Absprache spezielle Führungen mit Semmelbacken angeboten.

42 Pflanzen

Botanischer Garten München

Ausgangs-/Endpunkt
Botanischer Garten München-Nymphenburg

Anfahrt
Auto: Der Botanische Garten München liegt am Schlosspark Nymphenburg nordwestlich vom Stadtzentrum; eine eingeschränkte Anzahl von Parkplätzen steht gegenüber dem Haupteingang zur Verfügung.
Bahn: Mit der Straßenbahnlinie 17 oder dem Bus 143 bis zur Haltestelle Botanischer Garten.

Alter
Geeignet für jedes Alter, Kinderführungen ab 6 Jahren

Öffnungszeiten
Täglich 9–16 Uhr, in den Sommermonaten auch länger, die Gewächshäuser schließen 30 Min. früher.

Preise
Kinder frei, Erwachsene 4,50 €, im Winter ist der Eintritt zum Freigelände frei.

Information
Botanischer Garten München-Nymphenburg, Menzinger Straße 65, 80638 München, www.botmuc.de

Wissen Sie, woher die Schlüsselblume ihren Namen hat? Und können Sie eine Kiefer von einer Fichte unterscheiden? Bei den Kinderführungen durch den Botanischen Garten lernen selbst die Eltern noch etwas dazu.

Der Botanische Garten ist zu jeder Jahreszeit ein Ausflugsziel. Im Winter locken die Gewächshäuser mit ihren tropischen Pflanzen, Kakteen und Orchideen. Im Orchideenhaus können ganzjährig etwa 40 Schildkröten am Wasserbecken beobachtet werden. Tropische Schmetterlinge flattern jedes Jahr in den Wintermonaten durch das Wasserpflanzenhaus. Die Chancen, einen der farbenfrohen Schmetterlinge ganz nah und in Ruhe betrachten zu können, sind gar nicht mal so klein. Mit etwas Glück und Geduld lässt sich ein Falter vielleicht sogar auf der Hand nieder.

Ab dem Frühjahr blüht es dann im Freigelände, Frühblüher, Rhododendren, Rosen und Pfingstrosen sind dann wunderschön anzusehen.

Im Botanischen Garten finden regelmäßig spezielle Führungen für Kinder ab sechs Jahren sowie die Aktion Basteln und Botanik statt, es können dann u.a. Palmsträuße geschmückt werden (Ostern), Apfelmarmelade eingekocht (Herbst) und Adventskränze geflochten werden (Vorweihnachtszeit).

Schloss Nymphenburg

Vom Botanischen Garten gelangt man durch einen Parkeingang in den Nymphenburger Schlosspark. Parkspaziergänge, Schlossbesichtigung oder das Museum Mensch und Natur können somit leicht mit einem Besuch im Botanischen Garten verbunden werden.

Noch mehr … Gärten Auch andere Einrichtungen in München haben es sich zur Aufgabe gemacht, Wissen um Pflanzen erlebbar zu machen. Pflanzenkunde kann in den verschiedenen Gärten erlebt werden, wie etwa im **Umweltgarten Neubiberg** (www.umweltgartenverein.de) mit Streuobstwiese und Heilkräuter-Garten sowie etwa 80 Haustieren oder in der städtischen

Auch bei schlechtem Wetter lohnt sich ein Besuch im Botanischen Garten. Die Gewächshäuser schützen uns vor jeglichem Regen.

Baumschule Bischweiler, die Pflanzenwissen über Themengärten näherbringt, wie z. B. einen Tastgarten und einen Giftpflanzengarten. Der Eintritt in den Umweltgarten und in die Baumschule ist kostenlos.

Umweltwissen will das **Ökologische Bildungszentrum** München (www.oebz.de) vermitteln und lädt dazu nicht nur auf seine Freiflächen mit Streuobstwiese, Themengärten und Spielplatz ein, sondern auch zu diversen Workshops speziell für Familien und Kinder. Hier können auch Kindergeburtstage gefeiert werden.

edc

Ernten

43

Hofreiter BeerenCafés

Nicht jeder hat das Glück, einen eigenen Garten zu besitzen. Doch man kann Erntefreuden auch anders erleben: Beerenpflücken in BeerenCafés, Apfelernte in Apfelplantagen, Kartoffelklauben auf dem Acker und Christbaumschlagen in der Weihnachtszeit.

Am Anfang waren sie noch ein Geheimtipp, heute kennt sie jede Familie mit Kindern: die nur von Ende April bis Mitte September geöffneten Hofreiter BeerenCafés in Lochhausen, Johanneskirchen und Feldmoching. Es ist das Ungezwungene, das diese Orte so anziehend macht. Unzählige Sitzplätze unter Bäumen, überdachte Sandkästen mit Spielzeug, Slacklines zum Balancieren, Holzpferde und diverse Schaukeln stehen zur Verfügung. Besonders beliebt sind die Trettraktoren, für die es eine eigene Fahrbahn gibt, das Wasserbecken zum Matschen und Plantschen und die Ziegen, die gefüttert werden dürfen. Das Highlight eines jeden BeerenCafés aber ist das Strohlabyrinth. Das sind etwa hüfthoch aufgetürmte Strohballen, wo die Kinder so richtig toben können.

In Johanneskirchen und Lochhausen gibt es von Mitte Juli bis Mitte September ein Maislabyrinth mit Quizfragen zu Tieren, die es zu lösen gilt.

An jedem BeerenCafé findet sich ein Kiosk, an dem leckere Beerenkuchen, Eis und Getränke angeboten werden, aber auch Stockbrot, das über dem Lagerfeuer fertiggebacken werden kann. Was bei den vielen Spielmöglichkeiten fast zur Nebensache wird: An den BeerenCafés befinden sich Felder mit Erdbeeren, Heidelbeeren, Himbeeren, Johannisbeeren, Brombeeren und Kirschen zum Selberpflücken. Das Angebot ist natürlich saisonabhängig.

Noch mehr … Ernten So, wie den Sommer über Blumen und Beeren (www.hofreiter.de; www.erdbeeren-wolf.de) selbst gepflückt werden können, gibt es im Herbst Erntemöglichkeiten für Gemüse (www.eberle-gärten.de).

Ausgangs-/Endpunkt
Hofreiter BeerenCafés in Lochhausen, Feldmoching oder Johanneskirchen

Anfahrt
Das BeerenCafé Lochhausen liegt an der Kreuzung Purpurweidenweg/Lochhausenerstr.; das BeerenCafé Feldmoching an der Feldmochinger Str., am Ortsausgang Richtung Oberschleißheim; das BeerenCafé Johanneskirchen an der Kreuzung Savitsstr./Stegmühlstraße.

Öffnungszeiten
Während der Saison 10–19.30 Uhr, Fr und Sa bis 20 Uhr

Preise
Spielplatz: Eintritt frei, Maislabyrinth: Kinder 1 €, ab 6 Jahren 3 €, Erwachsene 4,50 €

Information
Familie Hofreiter, Tel. 089/54 65 00 56, www.hofreiter.de

Linke Seite: Über so eine schöne Ernte freuen sich nicht nur die Kinder.

Frischer kann man Obst nicht genießen, als wenn man es sich selbst pflückt.

Ein ganz neues Konzept ist der im Sommer 2016 in Freiham eröffnete **Freiluftsupermarkt** (www.freiluftsupermarkt.de), wo man sein Gemüse selbst ernten und dann mit einer Schubkarre zur Kasse fahren kann.

Wer sein Gemüse nicht nur selbst ernten, sondern auch anpflanzen will, kann das an sechs verschiedenen Standorten in den **Münchner Krautgärten** (www.muenchen.de) tun. Mitgegärtnert werden darf im **Gemeinschaftsgarten** »O'pflanzt is!« (www.o-pflanzt-is.de), der sonntagnachmittags geöffnet ist, sowie samstags im **Experimentiergarten** des Ökologischen Bildungszentrums München (www.oebz.de).

Das **Städtische Gut Riem** (www.muenchen.de) bietet jedes Jahr an zwei Wochenenden Anfang September Kartoffelklauben an. Dazu werden die Kartoffeln auf einem Feld in Daglfing mit einem Schleuderrodler an die Erdoberfläche geholt. Leere Kartoffelsäcke zum Befüllen gibt es vor Ort.

An den BeerenCafés gibt es auch jede Menge Spielmöglichkeiten. Strohballenhüpfen steht immer hoch im Kurs.

In einem kurzen Zeitfenster von Mitte September bis Oktober können auf den Apfelfeldern in **Maisach** Äpfel selbst vom Baum gepflückt werden (www.erdbeeren-wolf.de/aepfel). Familienaktionen zum Apfelernten für Kinder von sieben bis elf Jahren und Kartoffelernten für Kinder von fünf bis zehn Jahren bietet das **ÖBZ** im September an jeweils einem Wochenendtag an (www.oebz.de). Apfelmarmelade kann an einem Wochenende im Oktober im **Botanischen Garten** (Tour 42) fachkundig eingekocht werden.

Wer zur Adventszeit seinen Christbaum selbst schlagen möchte, hat dazu die Möglichkeit beim **Bergtierpark Blindham** in Aying (Tour 24) ab Mitte November bis 23.12., was gut mit einem Aufenthalt in dem neuen Spielstadl verbunden werden kann, oder beim **Christbaumhof Rauchenberg** (www.christbaumhof-rauchenberg.de); weitere Christbaumplantagen finden sich unter www.muenchen.de/freizeit/weihnachtsbaum-schlagen.html.

44 Kinderkochkurse

Kochschule Koch Dich Glücklich, Kinderküche München, Mein Keksdesign

Information

Kochschule Koch Dich Glücklich, Ickstattstraße 11a, 80469 München, Tel. 089/20 90 02 37, www.kochdichgluecklich.de

Mein Keksdesign, Ganghoferstraße 35, 80339 München, Tel. 089/74 05 84 97, www.meinkeksdesign.de

Kinderküche Haidhausen, Sedanstraße 16, 81667 München, Tel. 089/48 95 41 64 www.diekinderkueche.de

Schnipseln, Rühren, Kneten … gerade in der kalten Jahreszeit ist es verlockend, drinnen gemütlich zu kochen und zu backen. Kochen mit Kindern stärkt deren Feinmotorik und ihren Sinn für gesundes Essen, in erster Linie aber macht es einfach Spaß.

In der Eventlocation Koch Dich Glücklich können entweder die in einem Innenhof gelegenen schönen Räumlichkeiten mit einem großen Tisch für 28 Personen und Küche gemietet oder Koch- oder Backkurse für Kinder gebucht werden, beispielsweise für Geburtstagsfeiern.

Eine schöne Einstimmung im Advent ist auch der Plätzchenbackkurs. Zwei nette Animateurinnen rollen und stechen mit den Kindern geduldig Teig aus, backen und verzieren mit ihnen gemeinsam die Plätzchen. Am Ende der zwei Stunden darf jedes Kind eine Tüte mit selbst gemachten Plätzchen nach Hause nehmen. Die Räumlichkeiten sind ausreichend groß, sodass die Eltern auf Wunsch dabeibleiben und mitmachen können.

In der Kinderküche München in Haidhausen können Kinder ab fünf Jahren kochen lernen. In den gemütlichen Räumlichkeiten lassen sich unterhaltsame Kindergeburtstage feiern. In Zusammenarbeit mit dem Café Luitpold in der Brienner Straße werden für Kinder ab sechs Jahren Konditorkurse angeboten.

Eine Kinderkochschule für Kinder ab sechs Jahren gibt es auch bei Kustermann, einem renommierten Fachgeschäft für Tischkultur in der Münchner Innenstadt.

Kleine Bäcker ab fünf Jahren können ihr Handwerk in Keksbackkursen bei Mein Keksdesign erlernen. Kindergeburtstagsfeiern oder Kurse zu bestimmten Anlässen wie Halloween sind buchbar.

Im Herbst kann im Botanischen Garten (Tour 42) im Rahmen von »Basteln und Botanik« Apfelmarmelade eingekocht werden.

Die Herrmannsdorfer Landwerkstätten in Glonn, deren Produkte in München bekannt sind, bieten auf Anfrage Kochkurse für Kinder zwischen acht und zwölf Jahren an.

Rechte Seite: Ein Kochkurs ist genau das Richtige für Schleckermäuler. Probieren gehört natürlich auch dazu.

Am Tollwood in München gibt es ein umfangreiches Kinderprogramm.

Veranstaltungen & saisonale Aktivitäten

Hören, Sehen, Staunen zu jeder Jahreszeit

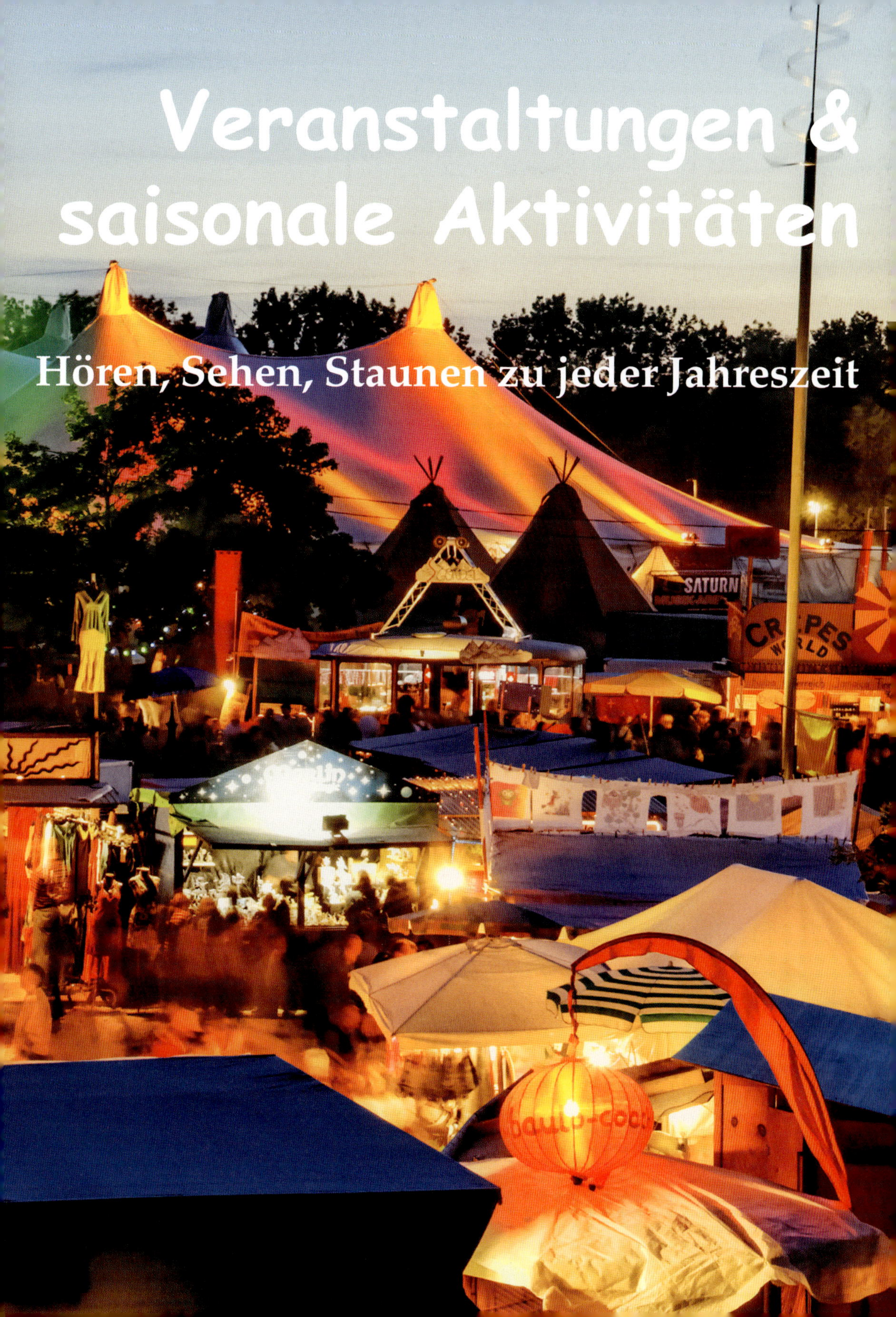

45 Volksfeste und Brauchtum

Frühjahrsdult und vieles mehr

Information
Alle Volksfeste und bayerisches Brauchtum unter www.bayern.by/brauchtum

Für alle Kinder, die gerne Karussell fahren, bieten vom Frühjahr bis zum Herbst diverse Volksfeste in und um München reichlich Gelegenheit dazu.

Der Volksfestreigen startet im April/Mai mit der Frühjahrsdult auf dem Mariahilfplatz mit Warenmarkt und Fahrgeschäften sowie dem Frühjahrsfest auf der Theresienwiese, der kleinen Schwester des Oktoberfests. Im Juni lockt das Stadtgründungsfest mit Ritterleben und alten Handwerkskünsten. Unser

Geheimtipp ist das Magdalenenfest im Juli im Hirschgarten. Es ist ein kleines Volksfest auf der grünen Wiese in der Nähe des Biergartens und hält Ponyreiten, Mini-Scooter, Bungee-Trampolin und Karussells für die Kinder bereit. Im August läuft über vier Wochen das große Sommerfest im Olympiapark mit Kasperletheater, Karussells, Entenangeln und vielen anderen Kinderattraktionen. Zudem findet die Jakobidult auf dem Mariahilfplatz statt. Das bekannteste Fest ist das Oktoberfest im September auf der Theresienwiese. Für den Besuch mit kleineren Kindern lohnt sich die »Oide Wiesn«, ein abgetrenntes Festareal mit Fahrgeschäften von anno dazumal. Den vorläufigen Abschluss bildet im Oktober die Kirchweihdult auf dem Mariahilfplatz, bevor es im Advent mit den Christkindlmärkten weitergeht.
Auch in der Umgebung finden das ganze Jahr über Volksfeste statt. Im Juli sind dies die Waldfeste rund um den Tegernsee, bei denen Brauchtum eine große Rolle spielt. Im August und September steigen die Volksfeste in den umliegenden Gemeinden und Städten wie Dachau, Rosenheim (Herbstfest) und Freising.
Wer mit seinen Kindern einen Almabtrieb sehen will, kann das den ganzen September über in den Alpenorten, z. B. in Mittenwald, tun. Anfang November finden in vielen Gemeinden und Städten, etwa in Bad Tölz oder Kreuth, Leonhardifahrten statt.

Linke Seite: Das Magdalenenfest im Hirschgarten dauert zum Glück zwei Wochen lang.

Oben: Pferde und Trachten faszinieren bei den Leonhardifahrten im Herbst.

46 Ritterfestspiele

Ritterfestspiele Schloss Kaltenberg

Ausgangs-/Endpunkt
Schloss Kaltenberg

Anfahrt
Auf der A 96 Richtung Lindau bis zur Ausfahrt Windach, dann weiter auf der LL7 und ST 2054 nach Geltendorf bis zum Schloss

Alter
Der Veranstalter empfiehlt, Kinder unter drei Jahren nicht mit in die Arena zu nehmen.

Information
Kaltenberger Ritterturnier, Schloßstraße 13, 82269 Kaltenberg, www.ritterturnier.de; Termine weiterer Ritterfeste z. B. über www.mittelalter-kalender.info

Glänzende Rüstungen, Schwertkämpfe und schnelle Pferde – dies zieht nicht nur Kinder in den Bann. Mittelalter- und Ritterfeste finden den ganzen Sommer über statt.

Traditionelles Essen, historische Kleidung und Ausrüstung, altes Handwerk, authentische Gaukler, Musiker und natürlich das Lagerleben führen auf eine Zeitreise in das Mittelalter. Eine sehr professionelle Ritterturnier-Show wird bei den Ritterfestspielen auf Schloss Kaltenberg jährlich an drei Wochenenden im Juli präsentiert. Das Kaltenberger Ritterturnier lockt jedes Jahr Zehntausende Gäste an. Sie werden zunächst auf einem großen Parkplatz unterhalb des Schlosses empfangen. Drinnen auf dem Gelände fühlt man sich dann ganz ins Mittelalter versetzt: Gaukler, die durch die Straßen ziehen, Stände mit mittelalterlichen Waren und Essen, Musiker, die auf den verschiedenen Bühnen für Stimmung sorgen, lassen die Zeit bis zum Beginn der Ritterturnier-Show schnell vergehen. Sie ist das Highlight des Besuches in Kaltenberg. Jedes Jahr wird eine andere Geschichte erzählt, doch immer liefern sich Reiter spektakuläre Showkämpfe und das Gute siegt über das Böse. Gerade mit Kindern kann es spannend sein, die Plätze in der ersten Reihe einzunehmen. Von hier aus sieht man fast so gut wie von den oberen Plätzen und man ist hautnah am Geschehen dran. Eine wetterfeste Alternative sind die überdachten Plätze – sie bieten Schutz bei heißer Sonne und Regen. Alle Kinder ab sechs Jahren dürfen am Kinderturnier teilnehmen, das sonntags unmittelbar nach dem Ritterturnier in der Arena veranstaltet wird.

Noch mehr … Ritterfeste Ein bayernweit bekanntes Ritterfest findet jährlich für drei Tage auf **Schloss Amerang** statt (www.schlossamerang.de). Auch hier gibt es eine Arena, in der über den ganzen Tag verteilt Showkämpfe stattfinden, dazu viele Stände mit Handwerkskunst und Essen, eine Musikbühne und auf der großen Wiese vor dem Schloss ein ausgedehntes Lagerleben. Für die Kinder werden allerlei Attraktionen geboten wie ein Märchenerzählerzelt, Kindersteinmetzen, ein handbetriebenes Karussell, sogar ein Kinderfriseur bietet seine Barbierdienste an. Handwerker wie etwa die Seilerin lassen die Kinder an ihren Vorführungen teilhaben.

Links: Feuerspucker gibt es auf fast allen Ritterfesten.

Rechts: Die Kulisse des Kaltenberger Schlosses ist perfekt für die Festspiele.

Wer eine etwas weitere Anfahrt in Kauf nimmt, findet mit dem jährlich im August stattfindenden **Drachenstich in Furth** (www.drachenstich.de), von dem auch eine Kinderversion gespielt wird, sowie **den Ritterspielen Ehrenberg in Reutte/Tirol** (Tour 1) weitere sehenswerte Mittelaltershows.

47 Kindertheater

Kleines Theater im Pförtnerhaus

Ausgangs-/Endpunkt
Theater im Pförtnerhaus, Oberföhring

Anfahrt
Mit dem Bus 187 oder 188 bis zur Haltestelle Bürgerpark Oberföhring

Tourencharakter
Geeignet für Kinder von drei bis neun Jahren

Information
Kleines Theater im Pförtnerhaus, Oberföhringerstraße 156, 81925 München, Tel. 089/95 31 25, www.kasperlbuehne.de

Gerade im Winter und bei schlechtem Wetter sind Kindertheateraufführungen ideale Unternehmungen. Schon für Kinder ab etwa drei Jahren gibt es in München viele Angebote.

Ein Kleinod ist das Theater im Pförtnerhaus. Geparkt werden kann auf dem Gelände des Bürgerparks Oberföhring, an dessen Eingang sich das gelbe Pförtnerhäuschen befindet. Innen geht es recht schmal zu. Im vorderen Raum werden vor der Veranstaltung frisch gebackene Waffeln serviert, das ist besonders bei einem Kindergeburtstag toll. Im hinteren Raum findet die Theateraufführung statt. Aufführungen sind sonntags um 11 und 15 Uhr sowie mittwochs um 15 Uhr. Besonders beliebt ist die Kinderzaubershow für Kinder ab drei Jahren, aber auch jedes Kasperlstück zieht die Kleinen in den Bann.

Noch mehr ... Kindertheater Gerade im Sommer lohnt sich ein Ausflug zum **Blaslhof** in Schöffau (www.blaslhof.de). Immer sonntags um 17 Uhr spielt Bauer Sepp selbstgeschriebene Stücke auf seiner Märchenbühne. Neben den Vorstellungen bietet der Blaslhof Ponyreiten und einen Abenteuerspielplatz an.
Ebenfalls Puppen und keine Schauspieler kommen im **Münchner Marionettentheater** (www.muema-theater.de) auf die Bühne. Auf dem Spielplan stehen für Kinder Kasperlstücke, aber auch der Ritter Rost und eine gekürzte Fassung der Zauberflöte. Die **Marionettenbühne Bille** (www.marionettentheater-bille.de) in Unterschleißheim zeigt klassische Märchen wie den Froschkönig, Rumpelstilzchen und den gestiefelten Kater. Die Stücke sind für Kinder ab drei Jahren geeignet. Der Klassiker unter allen Puppentheatern schlechthin ist die **Augsburger Puppenkiste** (www.augsburger-puppenkiste.de). Der Räuber Hotzenplotz, das kleine Gespenst und der kleine Wassermann sind Stücke, die schon wir Eltern aus unserer Kindheit kennen. Am Wochenende finden die Vorführungen um 14 und 16 Uhr statt.

Versteckt liegt das kleine Theater im Pförtnerhaus an der Einfahrt zum Bürgerpark.

Für Kinder zwischen vier und acht Jahren werden im **Krist & Münch** (www.magic-theater.de) in der Münchner Innenstadt drei verschiedene Kinderzaubershows angeboten. Das Theater ist klein, eine rechtzeige Reservierung empfiehlt sich.
Eine Institution in München seit fast 50 Jahren ist das **Münchner Theater für Kinder** (mtfk.de) mit einem vielfältigen Programm. Ein großes Repertoire an Stücken für Kinder ab fünf Jahren hat auch die **Schauburg** – Theater der Jugend (www.schauburg.net).
Kein reines Kindertheater, aber immer viele Stücke für Kinder haben die Kleinkunstbühne **Heppel & Ettlich** (www.heppel-ettlich.de) und das **Deutsche Theater** (www.deutsches-theater.de) auf dem Programm. Jeden Samstag und Sonntag wird im **Galli Theater** in der Amalienpassage ein Märchenstück für Kinder aufgeführt (www.galli-amalienpassage.de). Ein Weihnachtsstück für Kinder wird jährlich in der Adventszeit in der **Komödie im Bayerischen Hof** (www.komoedie-muenchen.de) gespielt. Einen Überblick über alle Münchner Theater gibt es hier: www.muenchen.de/veranstaltungen/theaterbuehnen.html.

Rechtzeitig reservieren

Für die Nikolausvorstellung mit Besuch des echten Nikolaus im kleinen Theater im Pförtnerhaus beginnt der Vorverkauf bereits Mitte Oktober.

48 Kinderkonzerte

Mini.Musik Gasteig, Concierto, Große Musik für kleine Hörer

Information
Einen Überblick über die musikalischen Angebote für Kinder erhält man auf unter www.muenchen.de/rathaus/Stadtverwaltung/Kulturreferat/Kulturelle_Bildung/Musik.html.

Im Winterhalbjahr ist in München Hochsaison für Kinderkonzerte. Die Münchner Orchester geben Konzerte für Familien und Kinder, es gibt die Konzertreihen Mini.Musik, Klassik für Kinder und Concierto. Hinzu kommen diverse Musicals und klassische Opern.

Die **bayerische Staatsoper** gibt regelmäßig Familienkonzerte, die für Kinder ab acht bzw. zehn Jahren geeignet sind. Die Kinderkarten kosten nur zehn Euro, sind allerdings schnell ausgebucht. Unmittelbar vor der Aufführung findet eine Kindereinführung in das Stück statt. Weitere Angebote der Staatsoper sind die sogenannten Kinderspielopern, die auf der großen Probebühne stattfinden und nur Platz für 30 Personen bieten, sowie die Sitzkissenkonzerte in der Parkett-Garderobe.

Der **Gasteig** bietet eine Vielzahl von Kinderkonzerten an. Hier treten die **Münchner Philharmoniker** mit ihren Konzerten für Kinder und Familien (für Kinder ab sechs Jahren) auf. Bekannt ist vor allem das Stück »Ristorante Allegro«, das die Philharmoniker zusammen mit dem Sternschnuppe-Duo spielen. **Mini.Musik** veranstaltet hier Konzerte für Hörer ab drei Jahren. Dabei sitzt man wahlweise auf Kissen am Boden oder auf Stuhlreihen am Rand. Kinder dürfen aufspringen, mittanzen und sogar auf der Bühne die Instrumente anfassen. Das **Kammerorchester** des Freien Landestheaters Bayern gibt im Gasteig seine Konzertreihe Klassik für Kin-

Die bayerische Staatsoper gehört zu den größten und bedeutendsten Opernhäusern der Welt.

der. Beliebt sind auch die Konzerte von **Concierto**, das mit seinem Kammerorchester klassische Stücke wie Peter und der Wolf oder Karneval der Tiere sehr kindgerecht aufbereitet. Die Konzerte sind für Kinder ab vier Jahren geeignet und dauern nicht länger als 50 Minuten. Immer im März gibt es im Gasteig einen Tag unter dem Motto »Der Gasteig brummt« mit vielen Konzer-

ten und Workshops im ganzen Haus. Der Eintritt ist frei. Die Allerheiligen-Hofkirche ist Spielstätte für die bekannten **Taschenphilharmoniker**, die unter dem Motto »Große Musik für kleine Hörer« klassische Stücke wie Hänsel und Gretel oder Karneval der Tiere aufführen.

Auch das Münchner Kammerorchester sowie das Symphonieorchester des Bayerischen Rundfunks haben Kinderkonzerte in ihrem Repertoire.

Spaßige Texte und mitreißende Musik zeichnen die Konzerte der Liedermacher **Sternschnuppe** aus, bekannt ist insbesondere das Musical von der Kuh, die ins Kino gehen wollte. Spielstätte ist meist das Lustspielhaus in München.

Bei den Kinderkonzerten des Symphonieorchesters des Bayerischen Rundfunks in der Philharmonie im Gasteig kommt die ganze Familie auf ihre Kosten.

49 Kunst für Kinder

Pinakothek der Moderne, Haus der Kunst, Villa Stuck, Kunsthalle München

Information

Bayerische Staatsgemäldesammlungen, Besucherservice, Barer Straße 29, 80799 München, Tel. 089/23 80 52 84, www.pinakothek.de

Haus der Kunst, Prinzregentenstraße 1, 80538 München, Tel. 089/21 12 71 13, www.hausderkunst.de

Museum Villa Stuck, Prinzregentenstraße 60, 81675 München, Tel. 089/455 55 10, www.villastuck.de

Kunsthalle München, Fünf Höfe, Theatinerstraße 8, 80333 München, Tel. 089/22 44 12, www.kunsthalle-muc.de

Kinderkunsthaus München, Siegesstraße 23, 80802 München, Tel. 089/33 03 57 70, www.kinderkunsthaus.de

In München gibt es fabelhafte Kunstmuseen und die meisten von ihnen bieten auch Programme für Kinder an.

Die **Pinakothek der Moderne** bietet einmal im Monat, sonntags von 12 bis 16 Uhr, einen offenen Workshop für Kinder von fünf bis zwölf Jahren an. Man kann einfach in dieser Zeit dazukommen und auch wieder gehen. Hierfür wird weder ein Entgelt noch eine Anmeldung verlangt. Die Eltern können in dieser Zeit durchs Museum gehen und an den sonntäglichen Führungen teilnehmen. Sonntags kostet der Eintritt in die Pinakotheken nur einen Euro, Kinder bis 18 Jahre haben freien Eintritt. Außerdem gibt es für Kinder ab fünf Jahren und ihre Eltern regelmäßige Familienführungen.

Das **Haus der Kunst** hat ein umfangreiches Programm für Kinder, Jugendliche und Familien. In den regelmäßig angebotenen Workshops für Kinder von sechs bis 14 Jahren wird ein ausgewähltes Kunstwerk betrachtet und anschließend selbst kreativ gearbeitet. »Kind hört mit« sind Führungen für Eltern mit Kindern bis vier Jahre und »Familienausflug« richtet sich an Eltern

Im Franz-Marc-Museum in Kochel hängen auch Kunstwerke der Kinder.

mit Kindern ab sechs Jahren. Angeboten werden auch Kindergeburtstagsfeiern und ein Ferienprogramm.
In der **Villa Stuck** in Bogenhausen finden sonntags von 14 bis 16 Uhr spezielle Workshops für Kinder statt und es können auch Kindergeburtstage gefeiert werden.
Die **Kunsthalle München** hat Workshops und Kinderführungen im Programm und kooperiert dabei auch mit dem Kinderkunsthaus. Das **Kinderkunsthaus** in Schwabing ist ohnehin einen Besuch wert. An großen Tischen können die Kinder nach Herzenslust kneten, malen und unter Anleitung basteln. Es gibt eine gemütliche Leseecke und Arbeitsplätze zum Kreieren eigener

In der Münchner Residenz gibt es Kinderführungen, genauso wie in den Schlössern der Bayerischen Schlösser- und Seenverwaltung.

Trickfilme. Neben dem offenen Programm gibt es wöchentliche feste Kurse, Kindergeburtstagsfeiern und Ferienworkshops.
Im Münchner Umland lohnt sich besonders ein Besuch des **Buchheim-Museums** in Bernried, das am Wochenende von 11 bis 17 Uhr mit dem Labor der Phantasie ein offenes Kunstatelier für Kinder anbietet, sowie im **Franz-Marc-Museum** in Kochel, wo sonntagnachmittags Kinder und Erwachsene im offenen Atelier unter Anleitung eines Museumspädagogen ausgiebig malen, basteln und werken können.

Gut geplant

Familienprogramme in den Münchner Museen können auch über die Münchner Volkshochschule gebucht werden (www.mvhs.de, Suchwort »Familienprogramm« eingeben). Diese Angebote gibt es teilweise schon für Kinder ab vier Jahren.

50 Kinderbibliotheken und Buchlesungen

Münchner Stadtteilbibliotheken und mehr

Information

Münchner Stadtbibliothek, Am Gasteig, Rosenheimer Str. 5, 81667 München, Tel. 089/ 480 98 33 13, www.muenchner-stadtbibliothek.de

Internationale Kinder- und Jugendbibliothek, Schloss Blutenburg, 81247 München, Tel. 089/891 21 10, www.ijb.de

Literaturfest: www.literaturfest-muenchen.de

Münchner Bücherschau Junior: www.muenchner-buecherschau-junior.de

Ob für die Kleinen die Bilderbücher oder für die Größeren zum Selberlesen – Bücher sind aus dem Kinderzimmer nicht wegzudenken. In die Welt der Bücher eintauchen kann man in München in den vielen Bibliotheken und beim zweimal jährlich stattfindenden Bücherfest.

In die **Stadtbibliothek Am Gasteig** ist eine Kinder- und Jugendbibliothek integriert. Hier und in den vielen Stadtteilbibliotheken können nicht nur Bücher gelesen und ausgeliehen werden,

Das Blutenburger Schloss ist von einem Wassergraben umgeben.

sondern es gibt auch die Möglichkeit, an regelmäßigen Veranstaltungen wie Lesungen, Filmvorführungen oder Bilderbuchkino teilzunehmen.
Literatur aus der ganzen Welt hält die **Internationale Kinder- und Jugendbibliothek** im Blutenburger Schloss bereit. Besonders schön ist das jährlich im Juli stattfindende White Ravens Festival im Innenhof des Schlosses. Geboten werden hier u. a. Lesungen bekannter Kinderbuchautoren sowie Spiel- und Bastelstationen.
Jährlich im November findet das **Literaturfest** statt mit der Bücherschau als kostenlose Buchausstellung der Verlagshäuser und einem breiten Programmangebot, u. a. auch Buchlesungen für Kinder.
Ein weiteres Buchhighlight immer im März ist die **Münchner Bücherschau Junior**. Im Stadtmuseum gibt es eine Bücherausstellung (Eintritt kostenlos) und es finden Lesungen statt.

Vorsicht! Lesen macht süchtig!

51 Kindermuseen

Deutsches Museum

Ausgangs-/Endpunkt
Deutsches Museum auf der Museumsinsel

Anfahrt
Die Straßenbahnlinie 16 hält direkt vor der Museumsinsel.

Alter
Das Museum empfiehlt den Besuch des Kinderreichs für Kinder zwischen 3 und 8 Jahren.

Öffnungszeiten
Täglich 9–17 Uhr; das Kinderreich schließt bereits um 16.45 Uhr.

Preise
Kinder ab 6 Jahren 4 €, Erwachsene 11 €

Einkehr
Im Museum gibt es auf den Ebenen 0 und 3 jeweils ein Café; ein Selbstbedienungsrestaurant befindet sich im Zwischengeschoss zwischen Ebene 0 und 1.

Information
Deutsches Museum von Meisterwerken der Naturwissenschaft und Technik, Museumsinsel 1, 80538 München, Tel. 089/21 79-333, www.deutsches-museum.de

Das Deutsche Museum ist ohnehin eines der bekanntesten Museen Münchens, aber dank seines Kinderreichs und verschiedener kindgerechter Veranstaltungsangebote ist es auch bei Familien sehr beliebt.

Zum Kinderreich im Untergeschoss gelangt man normalerweise, indem man im Erdgeschoß an den großen Booten und Flugzeugen vorbei ganz nach hinten geht und am Ende rechts die Treppe bzw. den Fahrstuhl nach unten nimmt. Allerdings wird das Kinderreich derzeit umgebaut und wird sich erst ab 2019 wieder im Untergeschoss befinden.
Viele Kinder – und auch Eltern – bleiben als Erstes gleich an der Modelleisenbahn hängen, die auf Knopfdruck losfährt. Ansonsten hält das Kinderreich viele spannende Stationen bereit: Unübersehbar ist das große rote Feuerwehrauto, in das hineingeklettert werden darf. Zum Verweilen lädt die Bauklotzecke ein, wo kunstvolle Kugelbahnen entstehen – die Murmeln dazu können an der Infotheke des Kinderreichs ausgeliehen werden. Ausprobiert werden dürfen die Riesengitarre und die in einer Lärmschutzbox stehenden Trommeln. Besonders anziehend finden die meisten Kinder aber die beiden Wasserbecken mit Wasserrädern und Schleusen. Unsere Empfehlung ist, diese erst am Ende des Besuchs anzusteuern und/oder Wechselkleidung mitzunehmen. Im Wickelraum gibt es vorsorglich einen Trockner für nasse Kindersachen. Im Eingangsbereich stehen Tische und Stühle, die für eine selbst mitgebrachte Brotzeit genutzt werden dürfen.
Das Deutsche Museum bietet Kindern spezielle Workshops und Führungen an. Für Kindergeburtstage und Kindergruppen mit Kindern im Alter von vier bis acht Jahren können Workshops zum Thema Wasser oder Optik gebucht werden. Für Kinder im Alter von acht bis zwölf Jahren gibt es Führungen durch bestimmte Abteilungen des Museums, wie zum Beispiel durch das Bergwerk. Immer mittwochs um 14.30 Uhr können Kinder von fünf bis acht Jahren experimentieren.

Im Kinder- und Jugendmuseum ist Mitmachen angesagt.

Noch mehr … Museen In München mangelt es nicht an kindgerechten Museen.

Das **Kinder- und Jugendmuseum** (www.kindermuseum-muenchen.de) direkt am Hauptbahnhof ist weniger eine Sammlung von Exponaten als eine Anreihung von verschiedenen Experimentierstationen. Die Themen wechseln nach einigen Monaten.

Technikbegeisterte Kinder kommen in der **Flugwerft** in Schleißheim und im **Verkehrsmuseum** (www.deutsches-museum.de) auf ihre Kosten. Hubschrauber und Eisenbahnwaggons dürfen hier jeweils ausgekundschaftet werden.

Das **Museum Mensch und Natur** (www.mmn-muenchen.de) direkt am Nymphenburger Schloss bietet eine interaktive Abteilung »Spielerische Naturkunde« für Kinder an.

Im **Museum Fünf Kontinente** (www.museum-fuenf-kontinente.de) werden Kindergruppen bereits ab einem Alter von zweieinhalb Jahren geführt, zudem gibt es verschiedene Familientage, Workshops und Angebote für Kindergeburtstage.

In der Umgebung lohnt sich der Besuch im **Rosenheimer Lokschuppen** (www.lokschuppen.de) mit wechselnden Ausstellungen. Außerdem gibt es noch zahlreiche Kunstmuseen (Tour 49) und Freilicht- und Bauernmuseen (Tour 3). Einen Überblick über alle Museen in München und Umgebung gibt es unter www.muenchen.de/sehenswuerdigkeiten/museen.

Gut informiert

Unbedingt empfehlenswert ist ein Blick auf die Website des Museumspädagogischen Zentrums München: www.mpz.bayern.de. Hier finden Familien Veranstaltungshinweise für Familien- und Ferienaktionen sowie Geburtstagsfeiern in nahezu allen Münchner Museen.

52 Winter in München

Advent & Weihnachten, Wintersport und mehr

Information
Überblick über Münchner Christkindlmärkte: www.muenchen.de/veranstaltungen/events/weihnachtsmarkt-christkindlmarkt.html

Faschingsveranstaltungen für Kinder: www.muenchen.de/veranstaltungen/fasching/kinderbaelle.html

Bildungsmesse: www.bildungstage-muenchen.de

Der Dezember macht uns mit den ganzen vorweihnachtlichen Aktivitäten die Einstimmung auf den Winter leicht. Januar und Februar erfreuen alle Wintersportfans, Faschingsfreunde und Zirkusliebhaber. Nun ist die beste Zeit, um in Konzerte, Museen oder Theater zu gehen.

Die Adventszeit ist für Kinder eine ganz besondere Zeit. Adventskalendertürchen dürfen geöffnet werden und der Nikolaus schaut vorbei. **Christkindlmärkte** eröffnen überall in München. Besonders lauschig ist es im Englischen Garten, wo am Rande des Christkindlmarktes in Omas Märchenstube Geschichten vorgelesen werden und in Opas Bastelstube aus vorgefertigten Holzstücken Lokomotiven oder Autos gebaut werden können. Anfang November bis Mitte Dezember öffnet die **Himmelswerkstatt** im Münchner Rathaus für Kinder von sechs bis zwölf Jahren ihre Pforten.

Für viele Familien gehört es auch zur Tradition, den **Christbaum** selbst zu schlagen. Das kann man beispielsweise am Rauchenberg in Aying tun. Ein riesiger illuminierter Weihnachtsbaum empfängt einen dort. Man greift sich eine Schubkarre, geht damit in die Weihnachtsbaumplantage und sucht sich seinen Lieblingsbaum aus. Anschließend gibt es einen Glühwein aufs Haus. Bei Familien bekannt ist auch die Weihnachtsbaumplantage am BergTierPark Blindham (Tour 24).

Und was wäre Weihnachten ohne Plätzchenbacken! Wer keine Muße hat, dies in der eigenen Küche zu machen, kann auf die **Plätzchenbackkurse** der Kinderküche München oder von Koch Dich Glücklich (Tour 44) ausweichen.

Ab Weihnachten bis März gibt es die sensationellen **Zirkusvorstellungen** im Zirkus Krone, außerdem eine Vielzahl von **Kinderkonzerten** (Tour 48) und **Kindertheaterstücken** (Tour 47). Schlechtwetterwochenenden lassen sich nun gut in **Museen** (Tour 51), in **Indoorspielplätzen** (Tour 19), **Boulderhallen** (Tour 20) und **Erlebnisbädern** (Tour 23) verbringen. Bei ausreichend

Kälte und Schnee können **Schlittschuhe** (Tour 22), Ski und **Rodel** (Tour 21) herausgeholt werden.

Lustige **Faschingsveranstaltungen** für Kinder gibt es beispielsweise im Deutschen Theater, im Dschungelpalast und im Bayerischen Hof.

Tropische **Schmetterlinge** flattern jedes Jahr in den Wintermonaten durch das Wasserpflanzenhaus im Botanischen Garten (Tour 42).

Wer für sein Kind auf der Suche nach dem richtigen Kindergarten oder der richtigen Schule ist, hat auf der **Bildungsmesse** München jedes Jahr im Februar die Gelegenheit, sich bei den Anbietern zu informieren.

Ganz besonders toll ist im Winter ein Ausflug mit der Pferdekutsche, das geht an vielen Stellen rund um München, wie hier in Enterrottach am Tegernsee.

53 Frühling in München

Kinderkrimifest, Ostern, Frühlings- und Maifeste

Information

Alle Veranstaltungen zu Ostern in München sind hier zu finden: www.muenchen.de/veranstaltungen/events/ostern.

Kunst im Gut im Klostergut Scheyern: www.kunst-im-gut.de

Kinderkrimifest: www.kinderkrimifest.de

Münchner Bücherschau Junior: www.muenchner-buecherschau-junior.de

Ganz ehrlich – das Frühjahr ist unsere Lieblingsjahreszeit. Alles wird grün und es blüht, die Sonne scheint länger und Aktivitäten können wieder ins Freie verlagert werden.

So schön wie im Winter die Besuche in Museen (Touren 51 und 49), in Bibliotheken (Tour 50), Theatern (Tour 47) und Konzerten (Tour 48) waren, freut man sich doch, wenn nunmehr wieder mehr draußen stattfinden kann: Die **Erlebnisparks** (Tour 8) und **Märchenwälder** (Tour 9) öffnen ihre Tore und die Besuche im **Zoo** und in den **Wildparks** (Touren 24 bis 31) können wieder aufgenommen werden. Hier können jetzt oft Tierkinder bewundert

Mit der Maidult auf dem Mariahilfplatz in München eröffnet der Reigen der Volksfeste.

werden. **Spielplätze** (Tour 17) machen im Frühjahr mehr Spaß als im Winter und die ersten **Volksfeste** (Tour 45) – die Maidult auf dem Mariahilfplatz und das Frühlingsfest auf der Theresienwiese – finden statt, nicht zu vergessen die Feste rund um den 1. Mai. Anfang Mai findet auch die Aktion »Kunst im Gut« im **Klostergut Scheyern** statt mit Theater, Mitmachzirkus und vielen anderen Vergnügungen für Kinder. Gerade der Mai mit seinen vielen Feiertagen bietet sich für einen verlängerten **Wochenendausflug** (Touren 56 bis 59) an.

Highlight im Frühling wird für viele Kinder das **Osterfest** sein. Darauf kann man sich wundervoll einstimmen mit einer Frühlingsführung durch den Botanischen Garten (Tour 42) und anschließendem Schmücken eines Palmbuschens. Der Osterhase versteckt übrigens jedes Jahr seine bunten Eier im Tierpark Hellabrunn (Tour 26).

Im März findet das jährliche **Kinderkrimifest** in den Münchner Stadtbibliotheken sowie die **Münchner Bücherschau Junior** im Stadtmuseum mit vielen kindgerechten Lesungen statt.

Ostern ist natürlich einer der Höhepunkte im Frühjahr.

54 Sommer in München

Volks- und Ritterfeste, Sommerferien

Information

Eisdielen in München: www.muenchen.de/essen-trinken/eisdiele

Jacobidult: www.auerdult.de

Sommerfest impark: www.impark.de

Sommer-Tollwood-Festival: www.tollwood.de

Tage der offenen Türen der Freiwilligen Feuerwehren in München: www.firetage.de

Sportfest: www.muenchner-sportfestival.de

Kinder-Kultur-Sommer:www.kinderkultursommer-muenchen.de

Überblick über Veranstaltungen in den Ferien: www.muenchen.de/freizeit/ferien.html

Sommerferienprogramm der Stadt München: www.muenchen.de/rathaus/Stadtverwaltung/Sozialreferat/Jugendamt/Ferienangebote

Museumspädagogisches Zentrum: www.mpz.bayern.de

Jede Jahreszeit hat ihre schönen Seiten. Den Sommer lieben wir besonders, weil es warm und lange hell ist. Jedes Kleidungsstück weniger, das die Kinder tragen müssen, verringert Anziehzeit und Wäscheberge. Alles kann draußen stattfinden, und da gibt es eine Menge zu erleben.

Typische Sommeraktivitäten sind **Eis** essen und **baden** (Tour 13) gehen. **Biergärten** (Tour 16) locken, man kann in die **Berge** fahren (Tour 10), in **Erlebnisparks** (Tour 8) und **Märchenwälder** (Tour 9). **Sommerrodelbahnen** (Tour 11), **Kletterwälder** (Tour 14), **BeerenCafés** und **Maislabyrinthe** (Tour 15) sind geöffnet und es ist Erntezeit für **Erdbeeren** (Tour 43).

Vor allem aber finden viele **Volksfeste** (Tour 45), die **Waldfeste** rund um den Tegernsee, **Ritterfeste** (Tour 46) und Veranstaltungen statt.

Veranstaltungen, die regelmäßig in München in den Sommermonaten stattfinden, sind die **Jacobidult** auf dem Mariahilfplatz, das große Sommerfest **impark** im Olympiapark Ende Juli/Anfang August, das **Magdalenenfest** im Juli im Hirschgarten – ein Volksfest auf der grünen Wiese – sowie das **Stadtgründungsfest** im Juni in der Münchner Innenstadt, wo für die Kinder mittelalterliches Leben auf dem Marienplatz und im Alten Hof stattfindet. Auf dem alternativen Sommer-**Tollwood**-Festival Anfang Juli gibt es ein Zelt mit Aktivitäten für Kinder.

Der Sommer ist auch die Zeit, wo die Freiwilligen **Feuerwehren** in München ihre Tage der offenen Türen feiern und allerlei Aktivitäten für Kinder wie Wasserschlauchspritzen bereithalten.

Beim **Sportfest** Anfang Juli auf dem Königsplatz können diverse Sportarten ausprobiert werden.

Ende Juli bis Anfang Oktober öffnet der **Stadtstrand** am Vater-Rhein-Brunnen, wo die Kinder im Sand spielen und im Brunnen plantschen können.

In der BMW Welt finden zu Beginn der Sommerferien die **Zwei-Rad-Tage** mit vielen Aktionen statt. Es gibt einen Parcours für

Kidbikes, eine Verkehrsschule für Kinder und ein Autorennspiel, für dessen Strom die Eltern auf einem Hometrainer in die Pedale treten müssen.

Schafe ziehen im Juli durch den Englischen Garten und können am Wochenende jeweils nachmittags von 14 bis 18 Uhr besucht werden.

Den ganzen Sommer über finden Veranstaltungen im Rahmen des **Kinder-Kultur-Sommers** statt. Es gibt über 400 Angebote in den Bereichen Sport, Musik, Literatur, Theater, Wissenschaft, Zirkus usw.

Viele Institutionen bieten **Sommerferienprogramme** an. Besonders bekannt ist die Lilalu Zirkusschule. Die Ferienaktionen der Münchner Museen sind über das Museumspädagogische Zentrum buchbar.

Baden ist die schönste Freizeitbeschäftigung im Sommer, aber zum Glück gibt es viele Alternativen, gerade wenn das Wetter einmal nicht mitspielt.

55 Herbst in München

Apfel- und Kartoffelernte, Oktoberfest und vieles mehr

Information

Oktoberfest: www.oktoberfest.de

Isar-Inselfest: www.isarinselfest.de

Die Lange Nacht der Museen: www.muenchner.de/museumsnacht

Literaturfest: www.literaturfest-muenchen.de

Wissenschaftstage: www.muenchner-wissenschaftstage.de

Mineralientage: www.munich-show.com

Drachenfest: www.kulturundspielraum.de

Wenn im September das Oktoberfest beginnt, markiert das gefühlt den Beginn des Herbstes. Die schönen Tage im September und Oktober kann man für typische Herbstaktivitäten wie Äpfelpflücken und Drachensteigen oder einen letzten Ausflug in die Berge nutzen.

Mitte September bis Anfang Oktober lockt das **Oktoberfest**, das für Kinder allerlei Karussells und andere Attraktionen bereithält. An den Familientagen gibt es nachmittags reduzierte Preise. Besonders schön ist die »Oide Wiesn«, ein gesondertes Areal mit historischen Fahrgeschäften, das es aber nicht jedes Jahr auf dem Festgelände gibt. Kindgerechte Fahrgeschäfte finden sich zudem am Familienplatzl (Nähe Beethovenstraße). Für Vorschulkinder und Schulklassen werden Wiesnführungen angeboten.

Das Oktoberfest lockt jedes Jahr viele Besucher auf die Theresienwiese.

Ereignisse, die auch für Kinder ein Rahmenprogramm bieten, sind Anfang September das Isar-**Inselfest** auf der Praterinsel, die **Nacht der Umwelt** Mitte September, wo es beispielsweise eine Fledermausführung im Englischen Garten gibt, die **Lange Nacht der Museen** im Oktober mit einem Nachmittagsprogramm für Kinder sowie im November das **Literaturfest** und die **Wissenschaftstage**.
Auch Messen wie die im Oktober stattfindenden **Mineralientage** München oder die **Spielwiesn** im November sind familientauglich.
Anfang Oktober gibt es bundesweit den **Türöffnertag** der Sendung mit der Maus. Auch Institutionen in und um München, wie beispielsweise das Sea Life (Tour 28), öffnen ihre Türen für kleine Besucher.
Der Herbst ist die richtige Zeit, um auf **Apfelplantagen** seinen Wintervorrat an Äpfeln zu pflücken oder **Kartoffeln** zu klauben (Tour 43).
Typische Bastelaktivitäten im Herbst sind Halloween-Kürbis schnitzen oder Laternen für den St.-Martins-Umzug basteln. Drachen bauen und ausprobieren kann man beim **Drachenfest** Ende September im Riemer Park am Fuße des Rodelhügels.

Halloween wird heute überall in Deutschland ganz selbstverständlich gefeiert.

Am Chiemsee mit Blick auf die Fraueninsel

Langes Wochenende

Miniurlaube mit kurzer Anfahrt

56 Im Sommer wie im Winter ein Erlebnis

Garmisch-Partenkirchen

Ausgangs-/Endpunkt
Garmisch-Partenkirchen

Anfahrt
Auto: Auf der A 95 München–Garmisch-Partenkirchen bis zum Autobahnende und dann weiter auf der B 2 bis Garmisch-Partenkirchen. Bahn: Mit der Regionalbahn von München zum Bahnhof Garmisch-Partenkirchen

Information
Tourist-Info Garmisch-Partenkirchen, Richard-Strauss-Platz 2, 82467 Garmisch-Partenkirchen, Tel. 08821/18 07 00, www.gapa.de; Kinderskikurse: www.skischule-gap.de, www.alpin-skischule.de Alpspitzbad: www.gw-gap.de/alpspitz-wellenbad; Olympia-Eissportzentrum: www.gw-gap.de/eissport-zentrum; Sommerrodelbahn: www.sommerrodelbahn-gap.de; Kletterwald: www.kletterwald-gap.de; Partnachklamm: www.partnachklamm.eu

Garmisch ist von München aus nur etwa 50 Autominuten entfernt und sommers wie winters ein schönes Ziel.

Als Einstieg in ein Winterwochenende empfiehlt sich gerade mit kleinen Kindern der leichte, ohne Steigungen verlaufende Kramerplateauweg. Das Auto kann vor dem Berggasthof Almhütte geparkt werden, dem Ausgangs- und Endpunkt des Spazierganges. Anschließend kann man sich bei der großen Auswahl an Windbeuteln verwöhnen lassen.

Eine tolle Wanderung führt im Sommer zum Gasthaus Eckbauer.

Am Hausberg gibt es zwei Skischulen, die auch tageweise buchbare Kinderskikurse anbieten. Die Kurse finden einmal täglich am frühen Vormittag statt. Gerodelt werden kann in Garmisch natürlich auch, empfohlen wird die 1,6 Kilometer lange Abfahrt an der St.-Martins-Hütte am Grasberg.

Sportlich geht es auch im Alpspitzbad zu und beim Schlittschuhlaufen im Olympia-Eissportzentrum. Toll für Kinder ist eine malerische Pferdeschlittenfahrt durch das verschneite Tal Richtung Riesersee.

An Sommerwochenenden können verschiedene Seen und Freibäder genutzt werden (Kainzenbad, Strandbäder am Riesersee, Pflegersee, Geroldsee und Eibsee). Action bieten die Sommerrodelbahn neben dem Eckbauer und der Kletterwald Garmisch-Partenkirchen (für Kinder ab fünf Jahren). Ein besonders schönes Naturerlebnis ist der Gang durch die Partnachklamm. Vom Skistadion fahren Pferdekutschen bis zum Eingang der Klamm.

Die moderne Skisprungschanze kann man auch besichtigen.

57 Kurzurlaub am bayerischen Meer

Chiemsee

Ausgangs-/Endpunkt
Prien am Chiemsee

Anfahrt
Auto: Auf der A 8 München–Salzburg bis zur Ausfahrt Bernau und dann nach Prien am Chiemsee. Bahn: Mit dem Zug von München Richtung Salzburg bis zur Haltestelle Prien am Chiemsee

Information
Tourist-Info Prien am Chiemsee, Alte Rathausstraße 11, 83209 Prien am Chiemsee, Tel. 08051/690 50, www.tourismus.prien.de; Schloss Herrenchiemsee: www.herrenchiemsee.de; Freizeitparks Marquartstein und Ruhpolding: www.maerchenpark.de; Salzbergwerk Berchtesgaden: www.salzbergwerk.de; Prienavera Erlebnisbad: www.prinavera.de; Mammutmuseum Siegsdorf: www.museum-siegsdorf.de

Ach, der Chiemsee, das bayerische Meer – nicht nur ein toller Anblick, sondern auch eine wunderbare Urlaubsregion mit Kindern. Hier warten so viele Attraktionen, dass ein Wochenende gar nicht ausreicht.

Der Besuch von Schloss Herrenchiemsee ist natürlich Pflichtprogramm, wenn Sie dort noch nicht waren. Die Schiffsüberfahrt ist von Prien oder Gstad aus möglich. Den Weg zum Schloss können Sie zu Fuß oder – kinderfreundlich – mit der Kutsche

Ein toller Radweg führt rund um den Chiemsee.

(15 Minuten, für Kinder unter fünf Jahren kostenlos) zurücklegen. Im Schloss werden regelmäßig Kinderführungen angeboten. In der Nähe des Schlosses gibt es ein Damwildgehege.
Wenn Sie Ihr Quartier im Süden des Chiemsees wählen, ist es nur ein Katzensprung zu den beiden Freizeitparks Marquartstein und Ruhpolding (Tour 9). Mehr Programm brauchen Sie für den zweiten Tag nicht.
Am dritten Tag bietet sich ein Ausflug in das Salzbergwerk Berchtesgaden (Tour 39) an. Das kann gut verbunden werden mit einem Ausflug zum Königssee und einer Schifffahrt nach St. Bartholomä. Eine frisch geräucherte Renke von dort ist ein wunderbares Mitbringsel für das Abendessen.
Weitere Programmalternativen sind der Kletterwald in Prien (Tour 14) für Kinder ab vier Jahren und bei schlechtem Wetter das Prienavera Erlebnisbad mit direktem Blick auf den Chiemsee sowie das Mammutmuseum in Siegsdorf (Tour 6).

Am Mündungsgebiet der Tiroler Achen in den Chiemsee gibt es eine Aussichtsplattform, von der sich die Vogelwelt gut beobachten lässt.

58 Bergblick, Schifffahrt und Alpentiere

Bodensee

Ausgangs-/Endpunkt
Lindau am Bodensee

Anfahrt
Auto: Auf der A 96 München–Lindau bis Ausfahrt Lindau.
Bahn: Mit dem Zug von München direkt oder mit Umsteigen in Ulm zum Bahnhof Lindau

Information
Lindau Tourismus und Kongress GmbH, Lennart-Bernadotte-Haus, Alfred-Nobel-Platz 1, 88131 Lindau, Tel. 08382/26 00 30, www.lindau.de; Pfänderbahn: www.pfaender-bahn.at; Bodenseeschifffahrt: www.bsb.de; Ravensburger Spieleland: www.spieleland.de; Pfahlbaumuseum: www.pfahlbauten.de; Zeppelin Museum: www.zeppelin-museum.de

Rechte Seite: Lindau gehört noch zu Bayern; am Hafen mit seinem Bayerischen Löwen und dem Leuchtturm ist immer viel los.

Auch ein Wochenende kann einem so lang wie ein Kurzurlaub erscheinen. Erst recht, wenn am schönen Bodensee so viele aufregende Dinge wie Schifffahrt, Bergfahrt, Tierpark und Freizeitpark auf einmal geboten werden.

Von München bis Lindau am Bodensee benötigt man mit dem Auto etwa zwei Stunden. In der Altstadt gibt es viele kleine Hotels und Pensionen, in denen man übernachten kann. Für den Abend des Ankunftstags empfiehlt sich ein Bummel durch die Altstadt, ein Blick auf die beleuchtete Hafenmole und ein Abendessen in einem der vielen Restaurants.

Am nächsten Tag steht ein Ausflug auf den Pfänder, den Hausberg von Bregenz, auf dem Programm. Von dem von einem Quartier in der Altstadt fußläufig zu erreichenden Bahnhof am Hafen fährt der Zug in nur 15 Minuten nach Bregenz (Ausweise und Kinderausweise nicht vergessen!). Vom Bahnhof Bregenz Hafen aus erreicht man die Talstation der Pfänderbahn in fünf Minuten zu Fuß. Oben erwarten einen nicht nur eine schöne Aussicht und zwei Restaurants, sondern auch ein Alpenwildpark, durch den ein kleiner Rundweg (Zeitbedarf 30 Minuten) führt, ein Spielplatz und bei schönem Wetter ein Bungee-Trampolin. Für die Rückfahrt von Bregenz nach Lindau kann in 20 Minuten mit dem Schiff übergesetzt werden.

Wer noch einen Tag mehr Zeit hat, kann das Zeppelin Museum in Friedrichshafen oder das Pfahlbaumuseum Uhlding besichtigen. Am Abreisetag sollten Sie auf der Heimfahrt nach München einen Umweg über Ravensburg einplanen. Das Ravensburger Spieleland ist für Kinder zwischen zwei und 14 Jahren geeignet. Käpt'n Blaubär, Fix & Foxi und Maus & Elefant sind die Parkmaskottchen. Zu den schnellsten Fahrgeschäften im Park gehört der Raketenblitz, eine Sommerrodelbahn, die Kinder mit ihren Eltern ab drei Jahren befahren dürfen. Mut gehört auch beim Freifallturm dazu (für Kinder ab vier Jahren in Begleitung). Ruhiger geht es bei der Bootsfahrt mit Käpt'n Blaubär zu.

Landeplätze

59 Abwechslungsreiche Tage an der Donauenge

Altmühltal

Ausgangs-/Endpunkt
Kelheim

Anfahrt
Auf der A 9 München–Nürnberg bis zum Dreieck Holledau, dort auf die A 93 Richtung Regensburg wechseln bis zur Ausfahrt Hausen und dann weiter Richtung Kelheim

Information
Tourist-Info Kelheim, Ludwigsplatz 1, 93309 Kelheim, Tel. 09441/701-234, www.kelheim.de; Altmühltal: www.naturpark-altmuehltal.de; Befreiungshalle, Kloster Weltenburg: www. kelheim.de; Steinbruch Blumenberg, Museum Bergér, Willibaldsburg und Jura-Museum: www.eichstaett.de; Weiße Flotte Kelheim: schiffahrt-kelheim.de; Sommerrodelbahn Riedenburg: www.altmuehlbob.com; Schulerloch: www.schulerloch.de; Burg Prunn: www.burg-prunn.de; Kristallmuseum: www.kristallmuseum-riedenburg.de

Das Altmühltal ist als Radler- und Wanderparadies bekannt. Aber auch Familien mit kleineren Kindern können hier abwechslungsreiche Tage verbringen.

Kelheim an der Donau bildet das eine Ende des Altmühltals und ist von München aus in nur einer Stunde Autofahrt zu erreichen. Übernachtungsmöglichkeiten gibt es viele, Hotels, Ferienwohnungen, aber auch Ferienbauernhöfe bieten sich an.

Wie wäre es mit folgendem Programm für ein verlängertes Wochenende? Der erste Tag wird ruhig angegangen mit einer Bootsfahrt von Kelheim zum Kloster Weltenburg. Die Schifffahrt dauert einfach etwa 40 Minuten und führt durch den Donaudurchbruch, die engste Stelle des Donautals. Von der Schiffsanlegestelle sind es etwa 400 Meter Fußweg bis zum Kloster Weltenburg. Hier kann man die prunkvolle Asamkirche besichtigen und in der Klosterschenke mit großem Biergarten zu Mittag essen. Die Kinder können sich am Donauufer vor dem Kloster stundenlang damit vergnügen, Steine über das Wasser springen zu lassen. Die Rückfahrt mit dem Schiff dauert nur 20 Minuten.

Vom Schiff aus hatte man bereits einen schönen Blick auf die Befreiungshalle, die zum Gedenken an die Schlachten gegen Napoleon errichtet wurde. Von der Schiffsanlegestelle in Kelheim startet die Ludwigsbahn, ein Minizug, der einen in 15 bis 20 Minuten bequem zur Befreiungshalle hinauf- und hinunterfährt.

Am zweiten Tag bietet sich ein Ausflug Richtung Eichstätt, das Zentrum des Altmühltals, an. Auf dem Blumenberg bei Eichstätt, der in etwa einer Autostunde von Kelheim aus zu erreichen ist, befindet sich ein Steinbruch, in dem Hobbysammler nach Fossilien suchen können (Tour 6). Werkzeug kann vor Ort ausgeliehen werden. Gehen Sie anschließend in das am Steinbruch gelegene Museum Bergér oder fahren Sie auf die Willibaldsburg in Eichstätt. Im dortigen Jura-Museum sind die großen Fossilienfunde aus der Region zu bestaunen, etwa der Urvogel Archäopteryx. Einkehren kann man in der Burgschänke.

Riedenburg mit der Rosenburg über dem Rhein-Main-Donau-Kanal im Altmühltal

Am letzten Tag des Wochenendes steht ein Ausflug ins benachbarte Riedenburg an. Dort gibt es eine (harmlose) Sommerrodelbahn, außerdem einen großen Spielplatz mit Hüpfburg und Wasserstation sowie für Kinder ab acht Jahren eine Quadbahn. An einem Kiosk kann man sich mit Getränken und Snacks versorgen. Gegenüber befindet sich ein Badesee. In Riedenburg selbst gibt es ein kleines Kristallmuseum, das die wunderschön anzusehende und größte Bergkristallgruppe der Welt zeigt. Vor dem Museum befindet sich eine Minigolfanlage. Auf dem Rückweg nach Kelheim sollten Sie noch unbedingt einen Abstecher zur Tropfsteinhöhle Schulerloch (Tour 6) machen. Das war die Wohnhöhle eines Steinzeitmenschens. Highlight für die Kinder ist eine eindrucksvolle Höhlenkinovorführung, die die Urzeit zum Leben erweckt. Auch die gut erhaltene Burg Prunn liegt auf dem Weg zwischen Riedenburg und Kelheim. Für Kinder ab sechs Jahren gibt es Kinderführungen.

Glückliche Kinder – glückliche Eltern

Service

Informationen zum Selberplanen

60 München für Kinder – kostenlos

Museen, Spielenachmittage und weitere Events

Information
Übersicht über kostenlose Angebote in München: www.muenchen.de/sehenswuerdigkeiten/bildergalerien/muenchen-kostenlos.html und www.kulturraum-muenchen.de/eintritt-frei

Übersicht über kostenlosen oder ermäßigten Museumseintritt: www.muenchen.de/sehenswuerdigkeiten/museen/museen-kostenlos.html

Umweltgarten Neubiberg: www.umweltgartenverein.de

Freizeitsport: www.sport-muenchen.de

SPIELkultur e.V.: www.spielkultur.de

München ist leider teuer. Das merken Familien an vielen Dingen, nicht zuletzt bei ihren Wochenendunternehmungen. Wer sucht und gut plant, findet aber auch Unternehmungen, für die keine Eintrittsgelder zu zahlen sind.

Freien Eintritt bieten beispielsweise das Walderlebniszentrum Grünwald (Tour 12), der Besucherpark am Flughafen (Tour 33), die Baumschule Bischweiler (Tour 42), der Umweltgarten Neubiberg, das Feuerwehrmuseum München (Tour 35) oder die BMW Welt (Tour 32).

Zum Glück gibt es viele Spielplätze.

In den meisten Münchner Museen haben Kinder freien Eintritt und Erwachsene zahlen zu bestimmten Tagen nur 1 € Eintritt (z. B. in den Pinakotheken am Sonntag).
Toben auf Spielplätzen (Tour 17) – auch auf denen der Beeren-Cafés (Tour 43) – und in Parks sowie Radtouren an der Isar kosten kein Geld. Die Stadt München bietet verschiedene kostenlose Aktionen an wie z. B. die sonntäglichen Spielenachmittage oder das Freizeitsportprogramm.
In der Zeit von Mitte Oktober bis Mitte Mai können die Sonntagnachmittage im LEO 61 mit kostenlosen Bastel- und Mitmachaktionen verbracht werden. Der SPIELkultur e.V. hält weitere kostenlose Angebote bereit, etwa die Aktion »Auf zu neuen Schafen« jährlich im Juli im Englischen Garten.
Die Münchner Bibliotheken (Tour 50) bieten ihre Mitgliedschaft für Kinder und Jugendliche sowie viele Veranstaltungen, wie z. B. das Bilderbuchkino, kostenlos an. Ohne Eintritt kann am Gasteig an verschiedenen Konzerten und Lesungen teilgenommen werden.

Die BMW Welt steht allen Besuchern kostenfrei offen.

61 Happy Birthday to you!

Partyspaß für Geburtstagskinder

Information
Eine große Anzahl von Geburtstagsanbietern präsentiert sich auf der Seite www.kindergeburtstage-muenchen.de.

Kinderkunsthaus: www.kinderkunsthaus.de

Haus der Kunst: www.hausderkunst.de

Villa Stuck: www.villastuck.de

Museumspädagogisches Zentrum München: www.mpz.bayern.de

Deutsches Museum: www.deutsches-museum.de

Jexhof: www.jexhof.de

Kinderküche: www.diekinderkueche.de

BMW Welt: www.bmw-welt.de

My Danceschool: www.my-danceschool.de

Beach 38: www.beach38.de

Gymboree München: www.gymboreedach.com

Sonnenland Kinderwerkstatt: www.sonnenland-kinderwerkstatt.de

Tierpark Hellabrunn: www.hellabrunn.de

Geburtstag haben ist für Kinder noch wirklich großartig und das muss auch gebührend gefeiert werden – am liebsten mit ganz vielen Freunden und richtig viel Action.

Eine gelungene Feier bei sich selbst zu Hause zu veranstalten, erfordert nicht nur eine große Wohnung, sondern auch einiges an Organisationstalent, Fantasie und Zeit. Eine Alternative sind die vielen Museen, Veranstalter und Institutionen in München, bei denen Geburtstag gefeiert werden kann.

Kunst & Basteln Für Kinder ab etwa fünf Jahren eignen sich kunstpädagogische Angebote als Geburtstagsfeier, beispielsweise im **Kinderkunsthaus**, im **Haus der Kunst** oder in der **Villa Stuck**. Nach einer Führung durch die Villa Stuck mit Betrachtung ausgewählter Kunstwerke und kindgerechten Erläuterungen werden die Kinder im Atelier selbst kreativ. Im Sommer wird der Geburtstagstisch auf der Terrasse zum Garten aufgebaut.

Theater & Museum Viele der Münchner **Kindertheater** (Tour 47) haben spezielle Angebote für Geburtstagskinder, beispielsweise das Kleine Theater im Pförtnerhaus: Für die Geburtstagsgäste gibt es vorab leckere Waffeln. Sie sind dann auch die ersten, die in den Vorstellungsraum hineingehen und ihre Plätze in der ersten Reihe auswählen dürfen. Über das **Museumspädagogische Zentrum München** können Kindergeburtstage in zehn Münchner Museen gebucht werden, u. a. ein abenteuerlicher Rundgang durch die Burg Grünwald (für Kinder ab fünf Jahren), ein Steinzeit-Geburtstag mit Feuermachen (für Kinder ab sechs Jahren) in der Archäologischen Staatssammlung oder ein etruskisches Gelage (für Kinder ab acht Jahren) in der Staatlichen Antikensammlung.

Naturwissenschaft & Technik Für vier- bis achtjährige Kinder hat das **Deutsche Museum** einen Workshop zu Wasser und für sie-

ben- bis achtjährige Kinder einen Workshop zu Optik im Programm. Naturexperimente gibt es im **Jexhof** (Tour 3). Gekocht und gebacken werden kann in der **Kinderküche** (Tour 44). Fußballfans feiern in der **Allianz Arena** (Tour 36) und künftige Autofahrer in der **BMW Welt** (Tour 32).

Auch im Theater für Kinder an der Dachauer Straße kann man seinen Geburtstag feiern.

Sport & Bewegung Sportlich geht es zu im **Westbad** (Tour 23), in **Indoorspielplätzen** (Tour 19), beim **Bouldern** (Tour 20), im **Kletterwald** (Tour 14), bei den Geburtstagsangeboten von **My Danceschool** und im **Beach 38**, wo Kinder ab sechs Jahren zu jeder Jahreszeit eine Beachparty feiern können. Für die Allerkleinsten schon geeignet sind Geburtstagsfeiern im **Gymboree** München. Etwa eine Stunde wird hier mit ihnen gesungen und geturnt, dann bleibt noch Zeit für Kuchenessen.

Natur & Tiere Eine Schatzsuche ist der Renner bei Kindergeburtstagen, sehr nett animiert wird diese zum Beispiel im **Walderlebniszentrum** Grünwald (Tour 12). **Reiter- und Erlebnisbauernhöfe** (Tour 30) sind beliebte Locations für Geburtstagsfeiern – nicht nur bei Pferdefans: In der Sonnenland Kinderwerkstatt beispielsweise besteht eine Geburtstagsfeier aus einem Tierkreis, einem Ausritt zur Strohburg sowie Schatzsuche und/oder Bastelaktion. Im **Tierpark Hellabrunn** (Tour 26) werden für Kinder ab sechs Jahren spezielle Geburtstagsführungen angeboten.

62 Wer? Wann? Was? Wo?

Aktuelle Informationen zu Kinder- und Familienveranstaltungen

Information
Im J. Berg Verlag sind aktuell die folgenden Familien-Ausflugsführer erhältlich:

Die 100 schönsten Familien-Erlebnisse in Bayern ... die Ihre Kids lieben werden (von Lisa Bahnmüller), 2015

Mein Baby, München und ich (von Saskia Feil), 2014

Erlebnistouren für Zwergerl rund um München (von Robert Theml), 2012

Hits für Kids in Oberbayern (von Lisa Bahnmüller), 2012

Familienmagazine: Himbeer-Magazin, Kitz-Magazin, Kidsgo, Zwergerl-Magazin

Familienblogs für München:
www.aroundaboutmunich.de
www.isar-mami.de
www.outdoor-zwerge.com
www.mamaimspagat.de
www.frommunichwithlove.de

Rechte Seite: Wasser marsch am Hexenwasser in Söll/Tirol

Wer sich tagesaktuell informieren möchte, welche Veranstaltungen in München für Kinder geboten werden, für den sind insbesondere die Onlineportale der Familienmagazine, aber auch die Familienblogs hilfreich.

Unter www.himbeer-magazin.de/muenchen gibt es nicht nur einen ausführlichen und sehr übersichtlich dargestellten Veranstaltungskalender, sondern auch Tipps unter Rubriken wie Leben mit Kindern, Lieblingssachen und Essen machen.
Die Online-Ausgabe des Kitz-Magazins, www.kitz-magazin.de führt neben einem Veranstaltungskalender viele Hinweise zu Ausflugszielen und Kindergeburtstag auf.
Das offizielle Stadtportal hält unter www.muenchen.de/veranstaltungen/events/kinder.html Veranstaltungshinweise für Kinder sowie unter www.muenchen.de/freizeit/freizeit-mit-kindern.html viele Ausflugstipps bereit. Pompki ist das offizielle Kinderportal der Stadt München. Der aktuelle Veranstaltungskalender ist unter www.pomki.de/dahoam zu finden.
Natürlich gibt es das Himbeer-Magazin und das Kitz-Magazin auch als Printausgabe, ebenso das Magazin von Kidsgo (www.kidsgo.de) und das Zwergerl-Magazin (www.zwergerl-magazin.de). Die Hefte liegen kostenlos an vielen Stellen in München aus, wie etwa Bibliotheken, sind aber auch online abrufbar oder teilweise abonnierbar. Ein dickes Sonderheft mit tausend Tipps vom Himbeer-Magazin (München mit Kind) erschien 2013.
Neben den offiziellen Portalen sind die Familienblogs für München eine ausgezeichnete Quelle zum Recherchieren von Ausflugstipps. Unter www.aroundaboutmunich.de stellen die beiden Bloggerinnen Inken und Joanna sehr regelmäßig und aktuell ihre Ausflugstipps im Münchner Umland vor und haben viele schöne Hinweise für Veranstaltungen in München. Auf ihrer Seite kann ein monatlicher Newsletter abonniert werden. Ausflugstipps sind auch auf anderen Familienblogs (siehe Infokasten) zu finden.

Abspann

Manche Kinder entspannen sich *am Wochenende gern zu Hause. Unsere beiden lieben Abwechslung, Action und Abenteuer. Schon deshalb sind wir viel mit ihnen unterwegs. Oft zeigen unsere Kinder dabei überraschende Fähigkeiten und Neigungen, etwa wenn das quirlige Kleine sich bei einem Kinderkonzert von der Musik ganz fesseln lässt und das Große mit beeindruckender Beweglichkeit einen Kletterparcours für viel ältere Kinder meistert.*

Mittlerweile kennen wir eine Menge *schöner Ausflugsziele und kindgerechter Freizeitangebote in München und Umgebung. Unterhaltungen mit anderen Eltern haben mir gezeigt, dass viele dankbar sind für erprobte Tipps und Empfehlungen. So ist die Idee entstanden, diese zu veröffentlichen.*

Ich hoffe, *dass Sie in diesem Buch viele Anregungen für Ihre eigene Familie finden. Und genießen Sie es, Ihre Kinder als neugierige und begeisterungsfähige Entdecker zu erleben!*

Viel Spaß wünscht Ihnen Ihre

Register

Allianz Arena 94
Almabtrieb 117
Alpenwarmbad 23
Alpenwildpark 144
Alpspitzbad 141
Alte Saline Reichenhall 100
Altmühltal 146
Angerhof in Alling 55
Archäologische Staatssammlung 29
Augsburger Puppenkiste 120
Augustiner Keller 51
Aumeister 50

Bahnpark Augsburg 90
Bauerngolf Samerberg 54
Bauernhausmuseum Erding 18
Bauernhofmuseum Amerang 17
Baumschule Bischweilen 107
Bavaria Filmstudios 23, 96
Bayerische Staatsoper 122
Bayerische Volkssternwarte München 102
Beach 38 153
BeerenCafé Johanneskirchen 49
BeerenCafé Lochhausen 49
Befreiungshalle 146
Benediktbeuern 23
Berggasthof Almhütte 140
BergTierPark Blindham 68, 111
Biergarten Hirschau 50
Bikepark Samerberg 54
Bildungsmesse 131
Blaslhof 120
Blombergbahn 41
Blutenburg 13
BMW Museum 86
BMW Welt 86
Bodensee 144
Botanischer Garten 13, 106, 111
Boulderwelt München 58, 59
Buchheim-Museum 83, 125
Burg Grünwald 13
Burg Prunn 147
Burgruine Ehrenberg 12

Chiemsee 142
Chinesischer Turm 50
Christbaumhof Rauchenberg 111
Christkindlmärkte 117, 130
Coco Loco 57
Cosimawellenbad 64

Dampftage 90
DAV Kletter- und Boulderzentren 59
Deutsches Museum 128
Deutsches Theater 121
Dinosaurier-Freiluftmuseum Altmühltal 27
Donaudurchbruch 146
Drachenfest 137
Drachenstich in Furth 119
Dream-Bowl-Palace 54

Edi's Spielewelt 80
Eichstätt 28, 146
Eis- und Funsportzentren 63
Ellmis Zauberwelt 36
Emmeramsmühle 51
Englischer Garten 53
Erdino 57
Erkertshofen 29
Erlebnisbad Kristall Trimini 23
Erlebnisbiotope 23
Ex-Ornamentis 48

Feringasee 45
Festung am Schlosskopf 12
Festung Hohensalzburg 21
Festung Klause 12
Feuerwehrmuseen 92
Flughafen München 88
Flugwerft Schleißheim 89, 129
Forstenrieder Park 71
Forsthaus Kasten 49, 51
Fort Claudia 12
Fossiliensteinbruch Blumenberg 24
Franz-Marc-Museum 16, 125
Freiluftsupermarkt 110
Freizeitpark Ruhpolding 35, 143
Frühjahrsdult 116
Furthmühle in Egghofen 105

Galli Theater 121
Galopprennbahn München Riem 78
Garmisch-Partenkirchen 140
Gasteig 122
Gemeinschaftsgarten „O pflanzt is!" 110
Green City e.V. 99
Gut Aiderbichl 82
Gymboree München 153

Haus der Kunst 124
Heckenlabyrinth 49
Heppel & Ettlich 121
Herrmannsdorfer Landwerkstätten 81, 112
Herzogstandbahn 23
Hexenwasser Söll 38
Himmelswerkstatt 130
Hirschgarten 52
Hochriesbahn 54
Hochseilgarten Ammersee 47
Hofbräuhaus am Wiener Platz 51
Hofreiter BeerenCafés 109

Internationale Kinder- und Jugendbibliothek 13, 127
Isar-Inselfest 137

Jakobidult 117
Jaudenhang-Flitzer 47
Jexhof 18
Jimmys Funpark 57
Jumicar 87
Jura-Museum 25, 146
Jux & Tollerei 56

Kammerorchester des Freien Landestheaters Bayern 122
Karlsfelder See 45
Kastell Biriciana 28
Kastell Castra Vetoniana 28
Kelheim an der Donau 146
Kiddi-Car 87
KIM 57
Kinder- und Jugendmuseum 129
Kinder-Kultur-Sommer 135
Kinderkrimifest 133
Kinderküche München in Haidhausen 112
Kinderkunsthaus 125, 152
Kinderwerkstatt Sonnenland 80
Kirchweihdult 117
KlangKarton 21
Kleines Theater im Pförtnerhaus 120
Kletterwald Garmisch 47
Kletterwald in Prien am Chiemsee 47, 143
Kletterwald München Grünwald 47
Kloster Weltenburg 146
Klostergut Scheyern 133
Kochschule Koch Dich Glücklich 112
Kolbensattel 47
Komödie im Bayrischen Hof 121
Kramerplateauweg 140
Krist & Münch 121
Kristallmuseum 147
Krokodo 57
Kugler Alm 51
Kunsthalle München 125
Kustermann 112

Lange Nacht der Museen 137
Legoland Günzburg 32
LEO 61 151
Leonhardifahrten 117
Lilalu Zirkusschule 135
Limes-Informationszentrum 28
Limespfad 29
Literaturfest 127

Magdalenenfest 117
Mammutmuseum Siegsdorf 26, 143
Märchenerlebnispark Marquartstein 35, 143
Märchenwald Wolfratshausen 34
Marionettenbühne Bille 120
Matthof in Ismaning 80
Mein Keksdesign 112
Mineralientage München 137
Mini.Musik 122
Minigolf München-West 54
Miniland 91
Mirabellengarten 20
Mozarteum 21
Mozarts Geburtshaus 20
Mozarts Wohnhaus 21
Münchner Bücherschau Junior 127, 133
Münchner Kammerorchester 123
Münchner Kräutergarten 110
Münchner Marionettentheater 120
Münchner Philharmoniker 122
Münchner Wald 46
Museum Bergér 25, 146
Museum Fünf Kontinente 129
Museum für Ur- und Frühgeschichte 29
Museum Glentleiten 17
Museum Mensch und Natur 13, 129
My Danceschool 153

Nacht der Umwelt 137
Naturbad Maria Einsiedel 45
Naturkäserei Kreuth 104
Nymphenburger Schlosskanal 63

Obere Firstalm 60
Ökologisches Bildungszentrum (ÖBZ) 107, 111
Oktoberfest 117
Olympia-Eissporthalle 63, 141
Olympiapark 54, 86
Osterseen 83

Paläontologisches Museum München 26
Partnachklamm 141
Peppino 57
Pfänder 144
Pinakothek der Moderne 124
Plantage 51
Playmobilpark 33
Prienavera Erlebnisbad 143
Prinzregentenbad 45, 62
Pullman City 14

Ravensburger Spieleland 33, 144
Reitsberger Hof in Vaterstetten 80
Residenz München 13
Riedenburg/Altmühltal 47, 147
Ritterfestspiele Schloss Kaltenberg 118
Ritterspiele Ehrenberg in Reutte/Tirol 119
Römer- und Bajuwarenmuseum 29
Römische Badeanstalt 28
Rosenheimer Lokschuppen 129

Salzbergwerk Berchtesgaden 100, 143
Salzburg 20
Sauschütt im Ebersberger Forst 43
Schauburg – Theater der Jugend 121
Schaukäserei Ammergauer Alpen 105
Schliersbergalm 39
Schloss Dachau 13
Schloss Hellbrunn 21
Schloss Herrenchiemsee 12, 142
Schloss Linderhof 12
Schloss Neuschwanstein 12
Schloss Nymphenburg 12
Schlossanlage Schleißheim 13
Schulerloch 27, 147
Sea Life im Olympiapark 76
Sommerfest im Olympiapark 117
SPIELkultur e.V. 151
Spielwiesn 137
Stadtbibliothek Am Gasteig 126
Stadtgründungsfest 116
Städtisches Gut Riem 110
Starnberger Wasserpark 44
Sternschnuppe 123
Swingolf 55
Sylvensteinspeicher 99
Symphonieorchester des Bayrischen Rundfunks 123

Taschenphilharmoniker 123
Theater für Kinder 121
Therme Erding 64
Tierpark Hellabrunn 72
Trampolinpark Airhoop 57
Triassic Park 27, 38
Türöffnertag der Sendung mit der Maus 137

Umweltgarten Neubiberg 107
Untere Firstalm 61
Unterweikertshofen 49
Urzeitmuseum Taufkirchen 26

Verkehrsmuseum München 86, 91, 129
Villa Rustica Möckenlohe 29
Villa Stuck 125
Volksfeste 117

Walchenseekraftwerk 17, 23, 98
Walderlebnispfad Freising 43
Walderlebniszentrum Grünwald 42
Waldfeste 117
Waldseilgarten Oberreith 47, 74
Wasmeier Museum 18
Weißenburg in Bayern 28
Welt.Erlebnis.Wald 43
Weltenspielplatz 88
Westbad 64
Western-City Dasing 15
Westernstadt 14
Westpark 53
White Ravens Festival 13
WichtelWerk 57
Wikingerdorf Flake 17, 22
Wildfreizeitpark Oberreith 74
Wildpark Poing 70
Willibaldsburg 25, 29, 146
Winterspielplatz 57
Wissenschaftstage 137

Zauberflötenspielplatz 20
Zentrallände 73
Zirkus Krone 130
Zwergelgarten 20

Impressum

Hinweis

Die Auswahl der Tipps erfolgte rein subjektiv und bildet natürlich nicht die ganze Angebotspalette Münchens ab. Alle im Buch angegebenen Daten sind sorgfältig recherchiert. Sollten dennoch falsche Angaben enthalten sein, übernehmen die Autorin und der Verlag hierfür keine Haftung.

Bei einem Ausflugsführer wie diesem bleibt es nicht aus, dass auch auf kommerzielle Anbieter verwiesen wird. Es handelt sich bei diesem Buch jedoch um rein redaktionelle Inhalte, nicht um Werbung. Die Erwähnung im Buch ist für die Anbieter nicht mit Kosten verbunden gewesen und deren Auswahl durch die Autorin und den Verlag erfolgte nach rein persönlichen Vorlieben.

In den meisten Kapiteln wird eine Unternehmung ausführlich beschrieben, ähnliche Aktivitäten sind dann oft nur ergänzend aufgeführt. Diese Art der Darstellung stellt aber keine Wertung dar in dem Sinne, dass die ausführlicher beschriebene Aktivität schöner und interessanter sei als die ergänzend erwähnten Aktivitäten.

Soweit möglich, sind Angaben zum empfohlenen Alter gemacht worden. Es bleibt aber letztendlich der Einschätzung der Eltern überlassen, ob die jeweilige Aktivität für ihre Kinder geeignet ist.

Produktmanagement: Sabine Klingan
Lektorat und Redaktion: Christian Schneider
Layout: Eva-Maria Klaffenböck
Repro: Cromika
Kartografie: Bruckmann Verlag GmbH, Heidi Schmalfuß
Herstellung: Miriam Tönnes
Printed in Slovenia by Florjancic

★★★★★

Sind Sie mit diesem Titel zufrieden? Dann würden wir uns über Ihre Weiterempfehlung freuen. Erzählen Sie es im Freundeskreis, berichten Sie Ihrem Buchhändler, oder bewerten Sie bei Onlinekauf. Und wenn Sie Kritik, Korrekturen, Aktualisierungen haben, freuen wir uns über Ihre Nachricht an den J.Berg Verlag, Postfach 40 02 09, D-80702 München oder per E-Mail an lektorat@verlagshaus.de.

Unser komplettes Programm finden Sie unter www.j-berg-verlag.de

Alle Angaben dieses Werkes wurden von der Autorin sorgfältig recherchiert und auf den neuesten Stand gebracht sowie vom Verlag geprüft. Für die Richtigkeit der Angaben kann jedoch keine Haftung übernommen werden, weshalb die Nutzung auf eigene Gefahr erfolgt. Insbesondere bei GPS-Daten können Abweichungen nicht ausgeschlossen werden.

Autorenempfehlung: Sie sind auf der Suche nach weiterführender Literatur? Dann empfehle ich Ihnen den Titel »Die 100 schönsten Familienerlebnisse in Bayern« von Lisa Bahnmüller. Hier werden Sie bestimmt fündig.
Ihre Ida Schusthusen

Bildnachweis: Alle Bilder stammen von Lisa und Wilfried Bahnmüller, mit folgenden Ausnahmen: S. 3 oben: mauritius images, S. 4: Markus Heel/ Bahnpark Augsburg, S. 47: Münchner Wald Kletterwald Vaterstetten/FRENhardt/boulderwelt, S. 59: Eugen Gebhardt/boulderwelt, S. 78/79: Egmont Strigl, S. 90: Markus Heel/Bahnpark Augsburg, S. 91: Markus Heel/Bahnpark Augsburg, S. 92: Tobias Hase dpa/lby/Picture Alliance, S. 93: Johannes Simon/Picture Alliance, S. 103: Frank Mächler/Picture Alliance, S. 123: Stephan Rumpf/Picture Alliance, S. 156 und Umschlagklappe hinten außen: Lina Gössing
Umschlagvorderseite: Auf dem Barfußpfad (Lisa und Wilfried Bahnmüller)
Umschlagrückseite: Bahnpark Augsburg (Markus Heel/Bahnpart Augsburg)

Die Deutsche Nationalbibliothek verzeichnet diese Publikation in der Deutschen Nationalbibliografie; detaillierte bibliografische Daten sind im Internet über http://dnb.d-nb.de abrufbar.

ISBN 978-3-86246-551-4